액체 세대

지그문트 바우만의 마지막 대담집

KB055355

NATI LIQUIDI

by Zygmunt Bauman, Thomas Leoncini

액체 세대

지그문트 바우만의 마지막 대담집

지그문트 바우만 & 토마스 레온치니

김혜경 옮김

이유출판

이 모든 것을 가능하게 해 주신 지그문트 선생님
그리고 제가 인사드려야 할 모든 분
알렉산드라, 리디아, 안나, 이레나, 모리스, 마크
이분들을 만나게 된 인생에 감사하며…….

토마스 레온치니

2017년 2월 21일 폴란드 바르샤바 대학 인문학부에서 열린 국제 세미나는 지그문트 바우만 교수의 액체근대에 관한 이론을 기념하는 자리였습니다. 저는 거기서 남편의 마지막 작업에 대해 한마디 해 달라는 요청을 받고 제 남편이 한 청년에게 했던 제안을 소개하며 이야기를 시작했습니다. 바로 '액체 세대'라고 할 수 있는 젊은 세대에 관해서 함께 책을 써 보자는 제안이었습니다. 저는 두 사람이 그동안 주고받은 이야기와 지그문트 바우만이 '영원한 유동'의 세계로 떠난 후 책을 완성하기 위해 이 청년이 기울였던 노력을 설명했습니다. 강의실은 가득 차 있었고 인터넷을 통해 전 세계 곳곳에서 수많은 사람들이 귀를 기울이고 있었습니다. 반응이 폭발적이었죠. 이 작은 책이 나아갈 기나긴 여정에 이 모든 관심이 최고의 축복이 되리라고 믿습니다.

알렉산드라 카니아 바우만

개별자로서 인간은 사라지지만, 그 유형적 존재까지 완전히
소멸되지는 않을 것입니다. 마치 내 몸이 생기기 전에도
이미 누군가 존재했었고, 내 사유가 시작되기 전이나
내가 '이 세상에 오기' 전에도 누군가 존재한 것처럼 그렇게
지속될 것입니다. 타자의 몸을 빌려서 말입니다.

지그문트 바우만
<죽음, 불멸 그리고 다른 생존전략>에서 인용[1]

1.   Zygmunt Bauman, *Mortality, Immortality and other Life Strategies*,
      Cambridge: Polity, 1992, p.18.

목차

한국 독자를 위한 서문 13

1 피부의 변형 17
    – 문신, 성형, 힙스터

2 공격성의 변화 41
    – 집단 따돌림

3 섹스와 사랑의 변화 63
    – 감정적인 전자 상거래 시대에 쇠퇴하는 금기들

에필로그 – 마지막 강의 93

옮긴이의 말 99

한국 독자를 위한 서문

"행동의 목표는 더 이상 행동의 동기를 알리거나 결정하
    는 데 있는 것이 아니라, 일련의 사건이 종료되는 시점
    에서 그 동기를 되돌아보고 찾아서 정교하게 다듬는 데
    있다."

지그문트 바우만이 서로 관계를 맺고 살아가야 하는 세상에
서 젊은이들에게 한 가지 길을 제시하고자 애쓰며 남긴 말
이다. 그가 지혜를 모아 쓴 소중한 책들이 모두 그러하듯이
그는 우리에게 미래의 문을 열 수 있는 방법을 암시하는 열
쇠를 주었다.

바우만은 테이블에 여러 개의 열쇠를 올려 두고, 언제나
그랬듯이 우리에게 뭔가를 가르치려는 거만한 태도가 아니
라, 독자들이 어떤 문을 어떤 열쇠로 열어야 할지 자유롭게
선택하도록 한다.

나는 한국의 젊은이들에 대한 여러 자료를 읽고 나서,
세계 도처에 흩어져 사는 우리가 얼마나 서로 비슷한지를,
웹 3.0세대, 민주주의 3.0세대인 우리의 문화가 얼마나 서
로를 비추고 있는지를 알게 되었다. 우리는 모두 아래에서
위로 향하는 "상향식" 접근법을 취하며 가장 진실하기 위해

노력한다. 그것을 만든 사람까지 삼켜 버리는 부패와 과도한 권력 남용과는 거리가 먼, 진정한 동맹을 만들고 유지하는 사람들이다. 중요한 동맹은 저절로 생기기도 하고 필요에 의해서 혹은 건강한 "이타적 이기주의"에 의해서 형성될 수도 있다. 사실 이타주의는 이기주의에 그 기원을 두고 있다고 할 수 있고 그 자체는 전혀 나쁘지 않다. 최소한 그것을 실천하는 사람과 수용하는 사람, 그 두 사람은 서로를 배려하기 때문이다.

우리가 혼자라고 느낄 때, 대화가 가능한 장소로 우리를 안내하는 평행의 세계는 항상 존재한다. 그 세계를 원하느냐 원하지 않느냐는 오로지 우리에게 달려 있다.

유동의 사회인 우리 시대에 이르러 시간이 공간보다 훨씬 중요해졌는데 그 기원은 지난 시대의 저명한 사상가들을 통해서 발견할 수 있다. 블레즈 파스칼은 다음과 같이 말한다. "내 존엄성은 우주 공간이 아니라 내 사상의 올바른 실천 속에서 찾아야 한다. 내가 땅을 소유한다고 해서 우월감에 젖지는 않을 것이다. 우주 공간은 나를 함유하고, 하나의 점처럼 나를 삼켜 버린다. 사유함으로써, 나는 그것을 깨닫는다."

하지만 반대로 거의 모든 전쟁의 위협과 새로운 장벽이 "우리"의 의미를 "그들"의 의미와 명확하게 구분하고, 특히 "우리"로부터 가장 먼 곳에서 "그들"과 재결합하려 한다는 사실을 확인할 때는 극적이기도 하고 우습기도 하다.

사람은 분명 스스로 진화하고 있다고 믿지만 이웃과의 관계에 관한 한 석기시대에 머물러 있다고 할 수 있다. 그런 사실을 인지하기보다 "자랑스럽게" 생각한다는 것이 비극이다.

세상의 젊은이들은 분명, 현대 세계의 향방을 바꿀 수도 있는 참된 희망이다. 그들은 순수하고 아직까지 소비 논리에 깊이 "매수"되지 않았으며 막스 베버가 말하는 도구적합리성이라는 개념을 이제는 잊어야 한다는 사실을 잘 알고 있다. 젊은이들의 습관이나 절차에 맞게 행동 방식을 정하기도 전에 그들이 행동해야 할 상황이 바뀌어 버리곤 하는 것이 현실이다. 따라서 그들은 자신의 문제들에 직면하여 어쩔 수 없이 유동적인 해결책을 모색해야 한다.

이런 주제들로 지그문트 바우만과 이야기를 나누면서 나는 그가 중장년 세대보다는 청년 세대와 더 닮았다는 생각을 했다. 실제로 지금처럼 세대 간 단절이 심했던 적이 없었다.

이런 역사적인 시기에는 오히려 서로 공통점이 많은 청년층과 노년층의 단절이 얼마나 큰지를 쉽게 확인할 수가 있다. 그래서 진짜 절벽은 오히려 중장년층의 대다수가 주장하는 논리에서 발견할 수 있다고 생각한다. 아마도 청년층과 노년층, 둘 다 우리의 세계에서 명성을 잃었고 따라서 어떤 일을 결정할 때 먼저 조언을 구해야 하는 대상이 아니라고 보기 때문일 것이다.

우리는 이 대화를 통해 다시 시작하고자 한다. 바로 지금 청소년과 노인, 그리고 젊은이와 노인을 만나게 하려는 것이다. 양쪽 모두 서로를 통해 배우는 것이 있을 것이다. 젊은이는 노인에게 많은 것을 가르쳐 줄 수 있다. 특히 심리학자 레이먼드 커텔(Raymond Cattel)이 (노인이 되면 더 정형화되기 때문에) 유체(流體)라고 부른 젊은이의 순수성과 지성에서 배우는 바가 있을 것이다. 읽는 순서가 정해지지 않은 하이퍼텍스트 지성은 웹에서 크게 자극을 받은 새로운 형태의 지성으로, 이는 곧 도래할 미래에 더 자주 회자될 것이다. 노인 역시 우리를 가르칠 수 있다. 특히 폭력적인 소비를 지향하는 권력과 돈의 논리로부터 추락하는 것을 막아줄 수 있다. 폭력적인 소비를 부추기는 자본은 스스로를 소비하지만, 이는 결국 그것을 이용하는 인간을 소비함으로써 형성되기 때문이다.

토마스 레온치니

www.thomasleoncini.it

I
피부의 변형

문신, 성형, 힙스터

토마스 레온치니(T.L.)   젊은이는 변화하는 시대의 스냅숏입니다. 우리는 그들을 사랑하지 않을 수 없지만 동시에 미워하지 않을 수도 없습니다. 그들은 우리가 가장 사랑하는 우리의 "과거"이기도 하지만 지속적이지 않고, 유동적이며 불안정하다는 이유로 싫어지기도 하니까요. 오늘날 젊다는 게 무슨 의미인지를 따지다 보면, 우리는 문화가 상대적이라는 사실을 겪어 보지 못한 희생자가 아닐까 하는 생각이 듭니다. 우리 자신이 외부자의 관점에서 스스로를 바라보는 외부의 '존재'가 되어 본 적이 없기 때문일 것입니다. '문화적 상대주의'는 상대가 없이는 효과적으로 훈련될 수 없으니까요. 우리는 젊은이를 바라볼 때 액체화[2]된 사람의 시선으로 보게 됩니다. 이는 우리도 어쩔 수 없이 자기 경계의 변화를 겪었다는 뜻이고, 그런 점에서 우리 또한 삶의 환경에 의해 만들어진 존재라고 할 수 있습니다. 그러나 과거의 "우리"가 만든 결과물은 더 이상 현재에 속하지 않기 때문에 타인의 얼굴에서 '자기관찰'을 하지 않고서는 아무것도 할 수가 없습니다. 사실 정신이 문화적으로 정해진 도식에 따라 이동하고 우리 뇌가 모든 상황에 신속하게 대응하도록 설정되어 있다면(인지심리학에서는 그렇게 말하고 있죠.) 젊은

---

2   지그문트 바우만의 대표적인 학설로 '유동적인 사회'에서 유래한다. 현대는
      자본의 흐름에 따라 이동이 확대되면서 근대 이전의 사회와는 전혀 다른
      삶의 양식을 보여 주고 있다는 주장이다. 인구 이동도 거의 찾아볼 수
      없고 생활양식도 전통에 따라 고정된(solid) 사회를 현대의 유동사회에
      대비하여 '고체사회'라고 불렀다. 지그문트 바우만, 윤태준 옮김,『유행의
      시대, 유동하는 현대사회의 문화』, 도서출판 오월의봄, 2013, 22~23쪽 참조.
      그러므로 "액체화"된 사람이라 함은 유동사회(액체사회)에 젖은 사람을
      일컫는다고 하겠다. - 옮긴이

이에 대한 몰이해는 때로 우리가 과거의 삶에 최선을 다하지 못했고 또 자기 자신을 이해하고 관찰하지 않았던 데 따른 후회를 지금 무의식중에 드러내는 것이라고 할 수도 있습니다.

요즘 고등학교 졸업반 또래의 청소년을 볼 때면, 우리는 더 이상 그 나이 때 우리의 사고방식으로 보게 되지 않습니다. 완전히 액체화된 방식으로, 즉 예전의 우리와는 전혀 다른 시각으로 보게 됩니다.

더 간단히 말해서, 현재로만 꽉 차 있는 듯한 특징들을 보여 주는 젊은이를 우리는 이해하기 어려운데, 이런 특징이 현재의 욕구를 개별적으로 드러내는 자기주장인지, 자주 과소평가되었으나 시선을 사로잡기 위해 필수적인 현실이 된 미적 유행인지는 구분하기가 쉽지 않습니다.

니체는 "나에게 현상은 스스로를 실현하며 살아가는 것이다."[3]라고 썼습니다. 이런 점에서 젊은이는 현시대에 대한 관심과 스타일에 대한 대중의 변화를 대변하는 놀라운 존재입니다. 인류학자들도 대중의 변화가 가장 중요한 요소임을 깨닫게 되었는데, 자신들의 학문 분야가 인간과 세상의 경계에 걸쳐 있기 때문입니다. 이제 인류학을 정의함에 있어, 미완성의 파편화된 전체 인류학 안에서 물리적, 생물학적, 고생물학적 인류학을 문화인류학과 사회인류학으로 전환해야 할 정도입니다. 젊은이는 현재와 미래의 우리 모습을 제

3   Friedrich Nietzsche, *The Gay Science*(German: Die fröhliche Wissenschaft). Leipzig: E.W. Fritzsch, 1887, p.102.

대로 대변하는 존재입니다. 아리스토텔레스 또한 일찍이 인간을 불완전한 존재로 정의한 바 있습니다.

그러나 (헛된 망상이 분명한) 완전함에 대한 열망은 문명이 시작할 때부터 있었습니다. 당시에는 자신을 드러내어 보여 주는 무대로서 자신의 몸보다 더 훌륭한 것이 없었습니다. 여기서 한 가지 잊지 말아야 할 것은 미적 감수성에는 주관과 객관이라는 두 가지 측면 말고도 문화적이고 집단적인 측면이 분명 존재한다는 점입니다.

근대를 가장 잘 대변하는 유행으로서의 미적 현상이 자주 언급되는데 이 유행은 '엔트로포이에틱(antropopoiet-ic)'[4]한, 즉 자신의 '인간됨'을 의식적으로 구축하는 인간존재의 한 부분을 이루고 있습니다. 인간존재의 출현 이후 사람들은 자신의 몸을 있는 그대로 받아들이지 못하고 항상 염려했으며 대부분 지배적인 관습에 따라서 자신의 몸에 무엇인가를 해야 한다고 생각했습니다. 매일 아침 몸을 씻는 행위도 인간이 자신의 몸과 갖는 관계의 표현이고 '만물의 흐름'이라는 자연스러움을 거스르며 자신을 변화시키는 것입니다. 이와 관련해 영국 인류학자 메리 더글러스(Mary Douglas)는 위생이 과학 발전에 따른 문제만은 아니라고 언급한 바 있습니다.

미적 유행은 문화적 유행과 마찬가지로 역동적인 흐름입니다. 그러므로 자기 모델과 집단 모델 간의 결합(과거의

---

4   이 용어는 인류학자 프란치스코 레모띠(Francesco Remotti)에 의해 이탈리아에 소개되고 보급되었다.

모델에게는 치명적인)에서 촉발되는 충돌, 스파크, 폭발 등 문화적 재구성의 기원이 되는 지점에서 시작해 보면 특히 도움이 될 것입니다. 집단 모델은 모방이나 전염 또는 자연스러운 노화 과정을 거쳐 성인의 영역으로 침투했습니다.

문신은 최근의 유행 현상 가운데 하나이자 가장 대표적인 사례로, 아주 어린 소년부터 청년과 중장년에 이르기까지 모든 연령대에 광범위하게 퍼져 있습니다.

미국인 열 명 가운데 세 명이 문신을 했고 그중 대다수가 한 번에 그치지 않는다고 합니다. 여론 조사 기관 해리스 폴이 실시한 최근 설문 조사에 따르면 문신이 미국 젊은이에게는 말하자면 필수처럼 여겨지고 있다는 것입니다. 밀레니얼의 거의 절반에 가까운 47퍼센트, 엑스(X) 세대의 3분의 1이 넘는 36퍼센트가 문신을 적어도 하나 이상 했다는 것이죠. 밀레니얼은 와이(Y) 세대라고도 부르는데 1980년에서 2000년 사이에 태어난 세대로 오늘날 액체 세대의 원조라고 할 수 있습니다. 반면 엑스 세대는 1960년대 중반에서 1970년대 후반과 1980년대 초반 사이에 태어난 세대입니다.

한편 베이비 부머 세대(1946년에서 1964년에 태어난 사람들)는 불과 13퍼센트만 문신을 했습니다. 잘 알려진 대로, 세대에 관한 정의들 사이의 구분은 고정되어 있지 않기 때문에 동일한 주제를 유지하기가 어렵습니다. 밀레니얼과 엑스 세대에는 문신을 한 사람들이 눈에 띌 만큼 많고 앞으로도 분명 이 추세가 이어질 것으로 보기에 몇 년 안에 50대에서 80대까지 문신한 사람들의 수가 늘어나는 현상이 더 이상 놀랄 일은 아닐 것입니다. 이 설문 조사에서 드러난 또 다른 흥미로운 사실은 미국에서는 문신의 유행이 거주지와는 아무런 상관이 없다는 것입니다. 시골과 도시의 거주지별 차이가 별로 없고 특별히 전형성을 띄는 결과도 나타나지 않았습니다. 정치적 성향에서도 유사한 결과가 나왔는데 공화당 27퍼센트, 민주당 29퍼센트, 무당파 28퍼센트라는 조사 결과가 이를 말해 주고 있습니다.

이탈리아의 경우, 고등 보건 연구소(Istituto Superiore di Sanità)의 최근 자료에 따르면 백 명 중 열세 명이 문신을 했다고 합니다. 그러니까 대략 700만 명이 문신을 했다는 것입니다. 자료에 따르면 이탈리아에서 문신은 남성보다 여성 사이에서 더 보편적이라는 것을 알 수 있습니다. 인터뷰한 사람의 11.7퍼센트가 남성, 13.8퍼센트가 여성이었으니까요. 25세를 전후로 처음 문신을 하지만 대다수는 35세에서 44세 사이에 하는데 이는 전체의 29.9퍼센트에 해당합니다. 반면 25세에서 34세 사이에 문신을 한 경우는 150만 명 정도입니다. 미성년자 중에서도 7.7퍼센트가 문신을 했습니다. 문신한 사람들 가운데 92.2퍼센트는 자신의 문신에 만족했으나 그러면서도 문신을 지우고 싶다는 답변이 꽤 높은 비율인 17.2퍼센트 정도로 나왔고 이들 중 4.3퍼센트는 실제로 실행에 옮겼습니다. 남성은 팔과 어깨, 다리에 주로 문신을 하지만 여성은 등과 발, 발목 부위에 하는 것을 선호한다고 합니다. 4분의 1에 해당하는 25.1퍼센트가 이탈리아 북부에 살고 30.7퍼센트는 학위 소지자이며 63.1퍼센트가 직장인이었습니다. 시술 장소를 보면 76.1퍼센트는 전문 센터, 9.1퍼센트는 미용실, 13.4퍼센트에 달하는 적지 않은 사람들이 무허가 시술소에서 문신을 한 것으로 나타났습니다. 이탈리아인도 미국인과 마찬가지로 어깨에 문신을 할 만큼 정치적으로 신념이 두터운 것도 아니고 결코 포기하지 않을 어떤 사상을 추종하는 것과도 별 연관성이 없는 것으로 나타났습니다. 이런 상황에서 과연 문신이 과거에 정치적 응집력이나 신념을 대변하는 기호로 사용된 것을 기억하는 사람들이 있을까요? 오늘날 이 모든 것은 완전히 사라졌습니다. 문신의 정치적 "동기"가 우리의 유동하는 근대 속으로 모두 사라진 것입니다.

사실 현대 정치의 주제는 개인에 의해서 완전히 다시 그려지게 되었는데, 좀 더 극적으로 말하면 '재구축'되었다고 하는 게 나을 정도입니다. 상황이 이렇게 된 것은 공적 영역과 사적 영역 사이의 경계가 개인에 의해 뿌리째 흔들렸기 때문입니다. 사적인 문제들이 매일 공적인 영역으로 침투해 들어오지만 그것이 우리의 문제가 다른 사람의 문제가 된다는 의미는 아닙니다. 오히려 반대로 우리의 문제는 여전히 우리의 것으로 남습니다. 공적인 영역에 대한 우리의 "구걸 행위" 덕분에 공적 영역에만 속하던 주제와 그와 연관된 공간이 정말로 파괴되고 있다는 뜻입니다. 그 결과 공론장에서 시민의 정치적 행위로 해석되는 정치 활동은 정작 사라져 버렸죠. 오늘날 액체 세대는 개인 영역 안에서만 움직이며 공적 영역을 차지하기 위해 자신의 명성을 높이는 길을 숨 가쁘게 모색하고 있습니다. 그들은 보편적인 해결책이 존재한다고, 자신의 불완전한 존재성을 모든 사람과 나눌 수 있다고 착각하는 겁니다.

그렇다면 이렇게 질문할 수 있겠죠? 유동하는 근대에서 미를 추구하는 사람들에게 문신은 왜 필수가 되었을까요?

지그문트 바우만(Z.B.) 새로운 세대가 신체의 공적 측면을 경쟁적으로 조작하는 방식을 꼼꼼히 날카롭게 지적해 주셨네요. 어빙 고프먼(Erving Goffman)은 이 같은 현상을 "일상생활에서의 자기표현"을 몸에 새기는 것이라고 정의한 바 있습니다. 이는 새롭고도 놀라운 현상으로 삶의 덧없음에 쏠리는 태도라 할 수 있는데, 이미 150년 전에 보들레르가 주목했듯 영원을 찰나의 순간에 포착하려는 시도라 할 수 있겠습니다. 신체 조작과 관련된 이 방식은 사회적 정체성에 대한 근대의 인위적 변화에서 비롯한 것으로, 근대 이전에는 '주어진 것'으로 여겨지던 신체가 근대 이후에는 '해결해야 할 과제'로 바뀌었다는 점이 바로 변화의 요체입니다. 오늘날 우리가 그 필요성과 강제성을 기대하거나 인정하게 된 과제로 말입니다. 그리고 그 과제는 사회가 제공한 모델과 재료를 이용하여 "유행"이라는 이름 아래 "창조적 재생산"이라는 복잡한 작업을 거쳐 개인에 의해 수행되고 있습니다.

20세기 최고의 역사학자 에릭 홉스봄(Eric Hobsbawm)이 시사했던 대로 '공동체' 개념이 사유와 사회적 실천의 주변부로 밀려나기 시작하면서 "정체성"이라는 개념과 "자기발견"이라는 실천 현상이 분출했습니다. 공동체 개념의 소멸은 19세기 초에 큰 영향력을 행사했던 사회학자 페르디난트 퇴니에스(Ferdinand Tönnies)와 그의 추종자들이 이미

예견한 바 있습니다. '정체성'과 '자기발견'이라는 현상이 분출한 것은 현대 사회의 형성과 변화의 맥락에서 에릭 홉스봄이 예고했던 공동체를 대체하거나 공동체의 소멸로 인한 공백을 메우기 위해서라고 볼 수 있습니다.

T.L. 공동체와 정체성은 종종 우리 사회에서 극복할 수 없는 어떤 한계에 의해 분리된 듯합니다만……

Z.B. 공동체와 정체성은 굉장히 다릅니다. 원칙적으로 말하면 공동체는 개인의 사회적 배역(casting)을 미리 결정하고 정의한다는 점에서 의무적이고 강압적이지만, 정체성은 "스스로 알아서 할 일"처럼 "자유로운 선택"으로 간주할 수 있습니다. 이러한 개념상의 재구성은 사회적 역할 분담 과정이나 그와 연관된 표현에서 공동체를 배제하지 않는 것일 뿐만 아니라, 자기주장과 결합된 자기 확신과 "소속감"에 대한 도전에 화해를 시도하는 것이지요.(아니면 화해가 불가능하다고 해야 할까요?)

여기에서 갈등을 불러일으키는 고유의 변덕스러운 성향과 모순적인 복합성, 놀라운 역동성과 창조적 능력, 유행 현상의 돌이킬 수 없는 나약함이 대두됩니다. 그리고 이런 것들이 공동체와 정체성을 지탱하고 움직입니다.

제가 보기엔, 본질상 끊임없는 혁신을 부추기며 놀랍게도 여전히 진행 중인 이 같은 유행 현상을, 소속감과 개별성 사이의 변증법적 산물로 생생하게 파악하여 알려 주는 사람이 아무도 없는 것 같습니다. 19세기에서 20세기 사이, 즉

생산의 사회에서 소비의 사회로 이행하던 운명적인 시대에
글을 쓰고 책을 냈던 게오르그 짐멜(Georg Simmel) 같은 인
물이 있어야 하지 않느냐는 뜻입니다. 삶의 한 단면인 유행
현상에 의해 우리가 재생산되고 다듬어지고 연마되는 한편,
유행 현상이 우리가 계속해서 재생산하고 있는 것과도 불가
분의 관계를 맺고 있기 때문입니다.

T.L. 축구 경기를 시청할 때 사람들이 튀어 오르는 공을 먼
저 보는지 아니면 선수의 문신을 먼저 보는지는 알기 어렵
습니다.

　이전에 비해 좀 더 짧아진 듯한 힙스터(hipster)[5]의 수염
도 마찬가지인데요. 이발 업소와 관련한 비즈니스가 다시
등장하는 것도 또 다른 국제적인 추세인 것 같습니다.

Z.B. 축구 경기장은 오늘날 사람이 가장 많이 정기적으로
모이는 장소입니다. 우리가 지금 여기서 논의하고 있는 보
편적인 관심사에 대해 가능한 해결책을 찾고자 할 때, 모두
가 한 방향을 바라보고 있는 축구 경기장에서 논의한다면

5　영어로 '무엇에 대해 더 잘 알고 있는'이라는 의미의 '힙(hip)'에 '~하는
　사람'이라는 접미사 '-ster'가 붙어서 만들어진 단어이다. 1940년대 미국
　주류 문화로부터 분리되어 대중의 흐름을 따르지 않고 자신들만의 고유한
　패션과 음악, 라이프 스타일을 표방하던 젊은이들 또는 그러한 문화를
　말한다. 오늘날 힙스터는 공동체를 형성하기보다는 패션과 유행에 집중하며
　엘리트주의적인 생활 방식을 선택한다는 특징이 있다. 빛바랜 셔츠, 뿔테
　안경, 페도라, 덥수룩한 수염 등이 외적인 특징이며 자전거를 타고 다니는 등
　친환경주의적인 취향을 보이는 한편 인디 음악, 독립 영화 같은 대중의 지지를
　얻지 못하는 오락에 열광하기도 한다. ─ 옮긴이

어떤 문제도 해결할 수 있을 것 같습니다. 경기장에 모인 열정적이고 만족스러워하는 수많은 팬과 함께라면 믿을 만한 결론에 도달할 수 있으리라는 희망이 생길 테니까요.

그렇다면 희망과 기대의 징표를 담아내는 장(場)으로서 우리 신체를 갈수록 편애하며 소속감과 자기주장, 영속성과 유연성, 정체성을 조작해서 해결할 수 없는 딜레마의 답을 찾거나 아니면 적어도 가능한 해결책에 더 접근할 수 있다고 볼 수 있을까요? 옷은 타인을 의식하여 현재 자기 신분에 대한 상징들을 즉석에서 포기하도록 하는 고유한 능력과 태도를 의미한다고 할 수 있습니다. 다시 말해 다양한 정체성이 동시에 구현되는 능력을 보여 주고 입증할 수 있는 수단입니다.

반면 정체성을 결정하는 상징을 자신의 몸에 새기는 행위는 그것을 지니고 다니는 당사자 입장에선 아주 심각하고 영속적인 약속이며 순간적인 변덕이 아닙니다. 그런 면에서 기적 중의 기적이라고 할 수 있는 문신은 변경 불가능한 약속의 견고함을 의미하는 동시에 자기 결정권과 실천 의지에 대한 생각을 드러내는 선택의 자유를 뜻합니다.

T.L. 세계 여러 곳에서, 특히 아프리카에서는 남자가 피부 절개[6]를 하지 않으면 모든 면에서 무능한 사람으로 여겨지는 것 같습니다. 1981년 조르조 라이몬도 카르도나(Giorgio

---

6   스스로 피부에 상처를 내어 흉터나 상처 자국이 많을수록 남자답다고 여기는 오래된 관습으로, 아프리카 원주민 사이에서 흔히 이루어졌다. − 옮긴이

Raimondo Cardona)는 "카메룬의 바피아족에게 피부 절개
를 하지 않은 남자는 돼지나 침팬지와 다르지 않다."라고 썼
습니다. "유행" 현상을 분석하다 보면 근본적으로 다른 면이
제기되는데, 바로 여러 민족이 '남자가 되는 것'은 '여성으로
존재하는 것'과 달라야 한다고 여긴다는 점입니다. 남성다
움이란 긴 시험 기간을 거쳐 땀을 흘린 후에야 획득할 수 있
는 것인데 반해 여성다움은 상대적으로 쉬운 시험을 치르는
대신 회피할 수 없는 일상의 관습을 따라야 한다는 것입니
다. 이 같은 상황은 사실상 모든 여성에게 해당한다고 할 수
있습니다. 앞서 언급한 이런 내용을 두고 글로벌 문화의 이
면을 부정적으로만 평가하려는 경향이 나올 수 있는데, 이
는 클로드 레비스트로스(Claude Levi-Strauss)가『슬픈 열대
(Tristes Tropiques)』에서 현대 인류학의 대들보로 간주한 문
화상대주의를 망각했기 때문으로 보입니다. 문화상대주의
란 한 사회 구성원들이 취하는 행동과 가치는 그들이 삶을
꾸려 가는 전체적인 맥락 속에서 이해되어야 한다고 믿는
태도입니다. 우리는 자기 집에서는 비판주의자이지만 남의
집에서는 부적응주의자입니다. 예컨대 우리가 카메룬으로
가서 관습적인 피부 절개, 식인주의, 주술적 의식들을 접한
다고 해도 그다지 큰 혼란을 겪지는 않을 것입니다. 그런 관
례는 모두 다른 사람들이 겪게 될 테니까요. 게다가 우리는
(로저 키싱(Roger Keesing)의 이론에 따른) 문화적 통제 개
념의 영향을 크게 받아서, 지배 집단의 특징에만 주목할 뿐
소수 집단의 것은 거의 거들떠보지도 않습니다.
    피부 절개와 문신으로 돌아가서, 이 개념은 '고통이 심

할수록 사회적 지위가 높아지고(이 경우에는 성(性) 정체성이 강하게 개입됩니다.) 흉터가 클수록 명예가 높아진다.'라는 것입니다. 의식적으로 고통을 감내하며 자기 몸에 "문신을 새기는" 행위는 마치 새로운 정체성을 얻기 위한 채찍질처럼 보입니다만, 선생님께선 이 같은 행위가 문신에 대한 현대인의 욕구와 유사하다고 느끼신 적이 있는지요?

Z.B. 물론입니다. 당신 말이 맞는 것 같군요. 여러 측면에서 말입니다. 문신과 관련한 자료 가운데 중세의 선례를 찾고 싶으면 채찍질이 아니라 감염의 위험이 없었던 브랜딩(branding)[7]을 살펴보세요!

최근 수십 년 동안 유행에 대한 담론은 "전형의 변화"라는 현상과 긴밀한 연관성을 가지며 사회과학과 심리학 분야에서 진행되었습니다. 실제로 유행 현상의 저변에 깔린 두 가지 모순된 형식인 소속감과 개별성, 영속성과 일시성이 뒤섞인 지점에서 더 왕성하고 공격적으로 보이는 시위가 벌어졌습니다. 이는 몸을 표현하기 위한 우리의 지속적인 행동이나 거기에 쏟는 생각과 에너지의 양을 통해서 드러나기도 하겠죠?

T.L. 문신과 수염, 물론 이게 전부는 아닙니다. 현재 유행하고 있는 주요 현상 가운데 하나는 계속해서 그 수요가 늘고 있는 성형수술입니다. 우리 사회에서 성형이 어떤 의미

---

7   신체에 불도장을 찍는 행위.

인가에 대해서는 프랑스 보렐(France Borel)의 이론이 우
세한데 학계에서도 인정받을 정도입니다. 그에 따르면 미
용 시술, 특히 반복적으로 이루어지는 시술 행위는 공식적
인 의료 행위라는 전제 아래 자신을 훼손하는 가장 잔인하
고도 비밀스러운 표현 방식이라는 것입니다. 개인은 있는
그대로의 자기 몸을 받아들이지 않으면서 동시에 프로이트
(Sigmund Freud)가 '죽음의 충동'이라 부른 "자기 파괴" 욕
구의 탈출구를 모색한다는 것입니다. 보렐의 논문에 따르
면, 공식적인 의료 행위라는 "가면"을 통해 이 두 가지 욕구
를 충족함으로써 사람들은 자신을 지배 문화의 일부로 느낍
니다. 이런 지배 문화는 최고의 것으로 미리 규정된 규범에
따라 미(美)의 형식을 만들고자 하는 경향이 있죠. 그러므로
지배 문화는 "유행"이라는 현상을 통해 이상적인 미의 전형
을 향해 가면서 "자기 파괴"와 미의 "인간화"가 만들어 내는
시너지 효과를 정당화하는 무기라고 할 수 있습니다.

Z.B. 당신 말을 부정하지는 못하겠군요. 그러니까 당신은
문신과 축구에 대한 열광, 성형수술 그리고 지금껏 그 적정
길이가 한 번도 정해진 적 없는 수염 관리 방식을 사례로 들
며, 유행의 역사에서 현대를 지배하는 트렌드의 열쇠를 제
시한 셈이네요. 그리고 이 같은 유행이 실제로 체험되고 연
출되어 공공연한 현상이 됨으로써 도용과 경쟁이 가능한 게
임의 영역이 되었다는 말이군요.

T.L. 이런 현상에서 가장 눈에 띄는 변화로, 오늘날 수많

은 "대중"에게 분명한 영향을 미치고 있다는 점을 꼽고 싶습니다. 미용 시술에 관한 최근 자료로 미국 성형외과 학회(ASPS, American Society of Plastic Surgeons)에서 조사하여 배포한 통계에 따르면, 미국의 사춘기 청소년(13~19세) 가운데 성형을 하는 경우가 남녀 불문하고 매년 최소 1퍼센트씩 증가하고 있습니다.

매우 흥미로운 데이터가 또 있는데 자신의 귀를 못마땅하게 생각하는 젊은이가 점점 늘고 있다는 사실입니다. 성형 시술을 받은 청소년 가운데 28퍼센트 정도는 귀 성형을 했고 몇 년 전부터 이런 추세는 꾸준히 3퍼센트씩 증가하고 있습니다. 귀는 장기 중에서도 특별한 기관으로 이와 관련한 불편한 감정은 아마 두 가지로 설명할 수 있을 것 같습니다. 하나는 심리적인 것으로 어쩌면 지나치게 형이상학적인 이유, 그러니까 우리가 원치 않는데도 귀가 타인의 목소리를 들으라고 강요한다는 점이 아닐까 하는 것이고, 다른 하나는 순전히 생리적인 측면이라고 봅니다. 그렇다면 해부학적으로는 귀에 어떤 문제가 있는 걸까요?

Z.B. "심리적으로 귀는 타인의 말에 귀를 기울이도록 강요한다."라는 명제는 다소 무리한 가정인 듯하군요. 귀와 관련하여 내가 주목하고 싶은 부분은 귀가 우리 몸의 일부이지만 거추장스러운 형태로 돌출해 있어 더 과민하다는 것과 들으라는 주인의 허락 없이도 듣는다는 것이죠! 그러다 보니 요즘 선호하는 모델(현재 유행인 모델)과 다를 경우, 우리의 귀는 외모를 관리해야 할 의무를 소홀히 한 주인의 태

만과 부끄러움을 확실히 보여 주는 증거로 간주될 수 있습니다.

T.L. 반면 성인의 성형수술에 관한 최근 자료는 다음과 같습니다. 2000년부터 미국 성형외과 학회가 공개한 통계에 따르면 성형수술이 급격히 증가하고 있습니다. 유방 확대술은 89퍼센트가 늘었고(2000년 5만 2836건, 2015년 9만 9614건), 둔부 리프팅 시술은 252퍼센트(2000년 1356건, 2015년 4767건), 성기 리프팅 시술은 3973퍼센트(2000년 207건, 2015년 8431건)가 늘었습니다. 연령에 따라 요구 사항은 달라지지만 성형수술이 시대의 주인공이 된 것만은 틀림없습니다.

Z.B. 성형수술이라는 비즈니스와 같은 비즈니스는 없습니다…….[8] 소비사회인 현대 문화에서는 "할 수 있으면 해야 한다."라는 규칙이 지배합니다. 현재 우세한 트렌드에 합류하려 할 때 신체의 외양을 "개선할 수 있는" 기회를 활용하지 않겠다는 생각은 뭔가 모순되고 가당치 않은 것처럼 느껴지고 "문제 있음"에 대한 사회적 평가와 가치를 저하하는 행위로 간주되는 경향이 확산되어 있습니다. 이런 상황 인식은 결과적으로 개인의 자존심에 치명적인 굴욕과 아픔을 불러일으킵니다.

---

8   여기에서 바우만은 어빙 벌린(Irving Berlin)의 「쇼 비즈니스와 같은 비즈니스는 없어요(There's No Business Like Show Business).」라는 노래의 후렴을 바꾸어 말하고 있다.

거듭 말하건대 이는 우리가 소비사회에 속해 있다는 것과 긴밀히 연관되어 있습니다. 앞서 언급한 수칙이 대중적이고 강도 높은 방식으로 지켜지지 않는다면 소비경제는 살아나지 못하여 위기에 봉착하거나 붕괴했을 것입니다. 소비주의 경제는 가능성의 영역에 속하는 것을 의무적인 것으로 전환하는 마법적인 전략, 즉 경제학에서 말하는 수요에 따른 공급 때문에 번성합니다. 아니, 오히려 살아남는다고 하는 편이 낫겠군요. 화장품과 성형 산업이 제공하는 기회를 토대로 호소력 있는 외모의 모델을 결정하는 과정에서 유행 현상은 이 같은 기적적인 변화가 원활하게 진행되는 데 중요한 역할을 합니다.

하지만 우리는 아직도 당신이 첫 질문에서 제기한 문제와 씨름하느라 이미 논의한 내용과 같은 선상에 계속 머물고 있는 느낌입니다.

요즘 문신에 열광하는 원인에 관해 우리가 언급한 내용은 '화장품-제약 회사-성형외과'에 열광하는 현상에도 모두 유효합니다. 참되고 깊은 이해가 "검색(surfing)"으로 대체된 우리 세계에서 이 두 가지 열광 현상은 몸의 표면(surface)에서 작동하는데, 이 같은 표면화를 비판하는 사람들은 거의 없는 것 같습니다. 유행, 분노, 열광 등의 기저에서 우리는 소속감과 자기주장, 유행과 전형 사이의 모순된 논리를 발견합니다. 그러나 또 다른 흥미로운 견해도 있는데, 당신이 제시한 수치들이 변하기 쉽고 따라서 방향 전환이나 심지어 역전 가능성도 크다는 주장입니다. 통계 지수는 상승하거나 하락할 수 있습니다. 이 같은 현상은 늘 새로운 욕

구의 충족을 위해 신제품을 만들어 새로운 시장을 개척하려
는 충동에서 비롯하고, 소비경제의 교체 경향에 따라 움직
이니까요.

　우리가 여기서 거론한 현상들은 아마도 매우 일시적일
것입니다. 오늘날 '트렌드'라는 이름이 붙은 것들은 기대 수
명을 최대한 늘리기 위한 방식이라고 봅니다.

T.L.　성형수술과 관련하여 주목할 만한 또 다른 현상으로,
요즘은 아주 어린 여학생들이 미용 시술을 받는 것을 갈수
록 더 자랑스레 여긴다는 것입니다. 몇 년 전까지만 해도 이
런 경향이 없었습니다. 아니, 없었다기보다 이와 정반대되
는 경향이었다고 말할 수 있죠. SNS에 접속하기만 하면 어
디든, 특히 인스타그램 같은 곳에서 #lips 같은 해시태그를
치면 유동적인 근대 세계의 정확한 미적 규범에 따라 재구
성된 여자아이의 몸을 큰 극장의 무대에 세워 놓은 듯한, 성
형수술에 대한 은근한 찬사를 볼 수 있습니다. 미가 인간성
에 대한 탐구라면 이 가설은 유동하는 근대에서 개인이 이
분야에서까지 자기주장을 모색하고 있다는 증거가 됩니다.
좀 더 설명하자면, 인류의 미적 이상을 지향하는 행위로서
(거의 공동체의 미적 이상으로서) 성형에 따르는 변화를 자
랑스레 여기는 사람은 누구나 아마도 자신의 개성에 대해서
도 진정 자부심을 가진다는 사실입니다. 그러나 제가 말하
는 개인은 젊은이가 '자연인으로서 개인'을 포기하는 대신,
권리와 의무를 가진 '법적 개인'을 조작할 수 있는 그런 개인
을 가리킵니다. 오로지 자기주장을 할 수 있는 능력 자체만

을 생각하는 개인 말이죠.

성형수술을 받은 여성의 자부심이 혹여 부(富)를 과시하는 것에서 온다고도 할 수 있을까요? 개인의 경제적인 능력을 드러내는 것 말입니다. 여자아이들이 아름다움이라는 렌즈를 통해 시간을 측정하는 날이 올 수도 있을 텐데, 그때는 성형수술 덕분에 미(美), 그러니까 시간을 과거로 되돌릴 수도 있을까요?

Z.B. 이러한 현상에 대한 우리의 해석에 부(富)라는 요소를 추가하는 것도 괜찮겠네요! 흠잡을 데 없고 광택이 흐르는 완벽한 몸매에는 당연히 그에 걸맞는, 아니 그 이상인 최고급 부티크에서 구입한 비싼 의상이 필요하겠죠. 넉넉한 재정 형편과 '두툼한' 지갑은 물론이고 말이죠. 그러니 우월한 사회적 지위와 그에 합당한 공적 평판이 뒤따르기 마련입니다. 이들은 똑 부러지는 말투로 소리쳐 선언합니다. "이 가엾은 친구야! 난 당신하곤 달라서 이 정도는 감당할 수 있다고. 그러니 상황 파악 좀 잘해서 당신 위치가 어딘지 알아서 처신해!"

하지만 이런 상황은 성적인 관점에서 보면 다소 초(超)-젠더 혹은 성 중립적인 요소로 보이는데, 언니들이나 학교 친구들이 했던 성형 시술을 받고 자부심을 가지는 "아주 어린 요즘 소녀들"에게서도 나타나기 때문입니다. 이런 행동은 "앳된 소녀들"이 학교 화장실에서 담배 피우는 것을 자랑스레 여기는 것과 비슷한데, 남녀 불문하고 대부분의 아이가 어른이 되는 과정에서 내딛는 발걸음으로서 아이들로선

평소에 하고 싶어도 하지 못했던 일들을 할 수 있는 특권을 누리기 위해서라도 빨리 성장하기를 바라는 것입니다.

또 다른 사례가 있는데, 이는 분명 성(性)과 관련한 것으로 당신이 암시하는 현상을 설명하는 데 활용할 만합니다. 《플레이보이(Playboy)》 편집부에서 그동안 반대 진영에 있던 여성 독자를 대상으로 《플레이걸(Playgirl)》을 출간하려 했을 때, 잠재 독자층이 선호할 만한 사진의 종류를 두고 뜨거운 공개 토론이 벌어진 적이 있습니다. 《플레이보이》의 남성 독자처럼 상대 성에게 성적으로 가장 매혹적으로 어필하는 모델이 있었는가 하면 힘과 영향력이 돋보이는 모델도 있었겠죠? (이 경우 두 부류의 남성이 일치하지 않을 수도 있습니다.) 연구자들은 이와 관련하여 구체적인 질문을 했고 청중석에 있던 독자도 의견을 냈습니다. 그 결과 후자가 더 인기가 있었는데 아마도 여성이 이 부류의 남성을 더 원했기 때문이겠죠.

대체로 여성은 미(beauty)를 근거로, 남성은 건강(fitness)을 기준으로 평가되길 원하는 것으로 나타났습니다. 대부분의 남성이 여성스러운 파트너를 선호하고 대부분의 여성이 남성다운 파트너를 선호한다는 가설에서 출발하면 당연한 결론이 나옵니다. 건강은 신체의 외양은 물론 삶에서 돌발적으로 발생하는 피해로부터 파트너를 보호하기 위한 것으로, 근면함, 역량, 기민함, 수완, 용기, 에너지, 진취성, 체력, 활력 등을 포괄합니다. 그러니 건강은 아주 수월하게 멋진 외모와 맞설 수 있죠. 한편 미용-성형 산업은 여성의 욕구를 충족해 주는 것을 최우선 목표로 고객을 모집

합니다. 독점은 아니지만 그 대상인 여성은 인구의 절반을 차지하고 있죠.

T.L.　그렇다면 유동하는 근대에서 여성에게 이상적인 남성상은 부유한 남자일까요? 더 젊고 매력적인 여성 곁에 부유한 남성이 있다는 유행은 언제까지 지속될 수 있을까요?

Z.B.　성급하게 결론을 내리지는 맙시다, 토마스 씨! 추론에는 지름길이 없으니까요! 결국 당신은 《플레이걸》의 독자라는 매우 좁고 자의적인 표본을 통해 얻은 결론을 일반화하는 셈입니다.

　　내 예감으로는 당신이 지적한 내용이 큰 틀에서 미용-성형 산업의 고객 표본과 일치하는 것 같습니다. 내 예감이 맞는다면 그 고객 가운데 여성의 수가 압도적으로 우세하다는 현상을 설명하는 데 부분적으로나마 도움이 될 수 있겠죠. 그러나 분명한 것은 "현대 여성의 이상적인 남성상"이 "부유한 남성"일 것이라고 일반화할 수는 없다는 점입니다. 더구나 어떤 근거로 "더 젊고 매력적인 여성 곁에 부유한 남성이 있다는 유행은 영원히 지속될 수 있는 운명"이라고 예단하는 거죠?

T.L.　우리는 지금 소녀와 여성에 대한 이야기를 하고 있습니다. 소년이나 남성 이야기가 아닙니다. 남성이 미용 시술에 의존하지 않아서가 아니라 남성 가운데에는 시술을 받았다고 자부심을 보이는 경우가 매우 드물기 때문이죠. 왜 그

럴까요? 요즘 남자아이는 여자아이처럼 심미적인 열망이 크고 때로는 여자아이보다 더한데도 말입니다…….

Z.B. 미용 시술에 의존하는 남성은 매력 지수가 떨어질 위험이 있으니까요.

2

공격성의 변화

집단 따돌림

T.L.   스티븐 스필버그(Steven Spielberg), 버락 오바마
(Barack Obama), 리애나(Rihanna), 마일리 사이러스(Miley
Cyrus), 영국의 왕세손비 케이트 미들턴(Kate Middleton),
마돈나(Madonna), 빌 클린턴(Bill Clinton). 이들에겐 몇 가
지 공통점이 있습니다. 학창 시절에 집단 따돌림을 당했고
폭력과 관련한 경험이 많다는 점입니다. 이제부터 집단 따
돌림 현상을 살펴보기로 하되 좀 다른 측면에서 접근해 봅
시다. 20세기 저명한 인류학자 아르놀드 방주네프(Arnold
van Gennep)에 따르면, 통과의례(성인식)의 주요 특징은 세
단계로 구성되고 조립되어 만들어진다는 것입니다. 첫 단계
는 '격리기'라 불리는데 개인이 공동체에서 분리되는 시기로
당사자가 그 전의 사회적 신분과 문화적 조건으로부터 떨어
져 나가는 단계입니다.

     그다음은 '과도기'라 불리는 전이 단계로 이 시기에는 사
회적 지위가 실질적으로 유보되고 당사자는 자신에게나 사
회 안정에 위험을 초래할 수 있는 존재로 간주되어 일종의
림보(Limbo)[9]에 머무르게 되죠. 스코틀랜드 인류학자 빅터
터너(Victor W. Turner)가 말한 대로 의례 당사자는 공동체
의 새로운 정신, 새로운 공동체를 제창할 수 있기 때문입니
다. 근래 사회혁명을 일으킨 반체제 인사의 대부분이 '소외
기간'을 거치며 자신의 기원을 들여다본 사람들이라는 점을

----

9   고성소(古聖所) 또는 림보(라틴어로 Limbus)라 일컫는 이 장소는 그리스도를
    미처 알지 못하고 그를 통하여 구원받지 못한 사람들의 영혼이 잠시 머무르는
    곳으로 '지옥의 변방'이라는 뜻이다. 여기에서는 문맥상 현재에 존재하지만
    영혼 없이 머무르는 상태를 말하는 것으로 보인다. – 옮긴이

떠올려 보면 이해가 될 겁니다. 1960년대 히피가 오늘날 젊은 거터 펑크(gutter punk)[10]나 어둠(the dark)의 조상인지는 알 수 없지만, 결국 이들이 이모(emo)족[11]의 조상이라 할 수 있으며 아마도 현대의 유동적인 한계 속에서 힙스터만 변신을 더해 가고 있는 것 같습니다. 세 번째는 통합의 단계로, 이를 전문 용어로 '경계 이후의 통과의례(postliminary rites)'라고 부릅니다. 당사자가 새로운 통합의 일원으로 생활환경에서 필요한 모든 자산을 가지고 본래의 자리로 돌아와 재결합하는 것입니다. 이로써 사회는 개인의 새로운 개성으로 활력을 얻습니다.

그러니까 결론은 분리, 전이 그리고 통합입니다. 집단 따돌림 현상이 널리 퍼지게 된 여러 정황을 살피다 보면, 집단 따돌림의 희생자가 강제로 겪은 과정에도 통과의례에서 거치는 각 단계가 전형적으로 나타나는 것을 볼 수 있습니다. 집단 따돌림의 공격에 직면하면, 특히 그것을 반복해서

---

10 백인 중심의 자발적 빈곤층으로 소비 자본주의 경제 체제를 비웃으며 여행을 즐기고 가는 곳마다 사람들의 도움을 받아 살아가는 사람들. '거리의 아이들'로 불리는 이들은 노숙자와는 다른데, 얼굴에 페인팅을 하는 등 펑크스타일을 보인다고 해서 거터 펑크라 불린다. 이들은 원하기만 하면 언제든 기존의 부유한 삶으로 복귀할 수 있다는 점에서 불가피하게 추락하는 히스패닉과 흑인 빈곤층과는 구분된다. 고정적 노동과 소비만이 삶의 정석이라고 생각하는 태도에 대한 도전으로, 물질을 넘어서는 삶을 추구하는 사람들로 간주할 수 있다. ─ 옮긴이

11 최근 미국 젊은이에게 사랑받는 빈티지 스타일을 추구하는 이모족(혹은 에모족)은 내면의 불안감과 나약함, 감성적인 면을 음악이나 패션으로 표현하는 부류를 말한다. emotional의 첫 세 글자가 그들을 대변하듯이, 비대칭 또는 눈을 가린 헤어스타일이 많고 그런 패션 경향 자체가 '나는 상처받았기에 치유받길 원한다.'라는 메시지이기도 하다. 전체적으로 나약해 보이는 내면을 표현한 외모 때문에 어둡고 우울해 보인다. ─ 옮긴이

겪게 되면, 희생자는 심리적으로, 육체적으로 다른 사람들로부터 "분리"된다고 느낍니다.

희생자가 겪는 이런 '분리된' 삶은 그의 일상을 흔들어 놓을 뿐 아니라 학교생활은 물론 사랑하는 사람들과의 관계까지도 손상시킵니다. 일상적인 교제와 우정에도 변화를 가져오는 경우가 적지 않습니다. 그러므로 사회적 소속감을 위해선 핵심 소그룹이 필요한데, 이는 앞서 두 번째로 언급한 '과도기'와 일치하는 것으로 집단 따돌림을 경험한 수많은 희생자의 불안감을 해소해 주고, 그들이 새로운 정체성을 발견하여 더 이상 고통받지 않도록 하기 위해 고안한 방법입니다. 과거의 방법들은 결과적으로 또 다른 여러 가지 아픔을 동반했기 때문입니다. 그러나 이 모든 일이 일어난 후에(혹은 진행되는 동안에도) 꼭 해야 할 일이 하나 있습니다. 사회가 우리에게 요청하는 것으로, 희생자가 본래의 터전으로 돌아와 새롭게 통합되도록 하는 일입니다. 그렇게 학급 친구들은 물론 전체 학교 시스템과 의무적으로 관계를 회복하여 혼자 뒤처지지 않고 실패와 낙제를 면하도록 하는 거죠. 그러나 이런 과정이 마무리되고도 몇 달 또는 최악의 경우 이삼 년의 시간이 흐른 후에야, 집단 따돌림의 희생자가 새로운 사람, 즉 사회적으로 새롭고 더 복합적인 정체성을 지니고 그 사회로 돌아오는 겁니다.

신체에 위해를 가하지 않는 집단 따돌림은 일부 청소년에게 불가피한 통과의례 같은 것일까요? 괴롭힘이 괴롭힘을 낳고 있는데 이런 현상은 이들의 "아비투스(habitus)" 중 하나이기 때문에 벌어지는 걸까요?

46

Z.B. 독일의 유대계 사회학자이자 사회사학자로 영국으로 귀화한 노르베르트 엘리아스(Norbert Elias)는 1939년에 "문명화 과정"이라는 개념을 제창했습니다. 여기서 그가 의도한 것은 인간의 삶에서 공격성, 과도한 강요, 폭력을 제거하는 대신 "이 세 가지를 모두 카펫 밑으로 쓸어 넣는 것"이었습니다. 이 생각은 아마도 그의 단순한 이상주의에서 비롯한 듯합니다. 이 세 가지를 문명인의 시야와 이들이 방문할 만한 장소에서 제거하고 심지어 그에 대한 이야기를 자주 듣는 것도 금지함으로써, "문명사회"로부터 모든 것을 배제당한 "하류 인간"에게 공격성, 과도한 강요, 폭력성의 책임을 전가하는 것입니다. 그것이 효과를 얻기 위해서는 "하류 인간"에게서 인간적이고 고귀한 가치를 지닌 것을 모두 제거해야만 합니다. 즉 그들이 야만인, 거친 사람, 무례한 사람, 예의 없는 사람, 교양 없는 사람, 난폭한 사람, 건방진 사람, 조야한 사람, 품위 없는 사람, 경박한 사람, 득이 되지 않는 사람 혹은 저속한 사람으로 비난받도록 해야 합니다. "문명인"이라 불리기에는 적합하지 않은 부적절한 모든 것을 지녀야 하고 그들이 사용하는 것은 퇴폐적이고 믿지 못할 것들이어야 합니다. 엘리아스의 연구는 인류 역사상 가장 야만적인 폭력 사태가 일어나기 전날 발표되었지만[12] "집단 따돌림" 현상이 기록되던 당시에는 거의 알려지지도 않았고 이름조차 없었습니다. 최근 수십 년 동안 폭력은 더욱 고압적인 형태로 수면 위로 올라왔고 저속한 언어가 살롱

---

12 1939년 9월 1일 발생한 2차 세계대전을 말한다. – 옮긴이

의 우아한 대화와 공공 무대를 모두 차지해 버렸습니다. 이
에 엘리아스의 많은 제자들과 추종자들은 "반(反)문명화의
흐름"이 도래했다고 선언했습니다. 그들은 이런 갑작스럽고
예기치 않은 역전된 인간의 조건을 설명하느라 필사적으로
노력했지만, 빈약하고 만족스럽지 못하며 설득력이 떨어지
는 결과만 얻었을 따름입니다. 급진적인 목소리는 더욱 강
해졌는데, 이들은 슈펭글러(Spengler)의 『서구의 몰락(Der
Untergang des Abendlandes)』을 상기시키며 현재 서구 문
명에서 일어나고 있는 현상은 과거 모든 문명에서 일어났고
미래에도 무한히 반복해서 일어날 수 있는 패턴이라고 충고
합니다. 슈펭글러는 독특한 식물학적 은유를 활용하여 그
패턴을 계절의 연속으로 표현했습니다. 순수해서[13] 과감한
창조가 가능한 봄, 꽃이 피고 열매가 익는 여름, 무성했던 것
들이 시들어 떨어지는 가을, 끝으로 창조성이 사라져 활기
를 잃은 매너리즘의 겨울이 그것입니다.

　서구에서는 1880년경 영적인 문명이 속되고 물질적이
며 구체적이고 실용적인 문명으로 전이되는 현상이 나타났
습니다. "그런 점에서 우리는 19세기 이전과 이후로 서유럽
을 구분할 수 있다. 충만하고 소박했던 19세기 이전의 삶의
형식은 중세 초기부터 괴테와 나폴레옹에 이르기까지 장대
하고 '유일한' 열정으로 인해 내부에서 비롯하여 발전했다.
반면 '가을'에 해당하는 19세기 이후의 삶은 인위적이고 뿌

13　훨씬 나중에 조지 슈타이너는 볼테르, 디드로, 루소가 우리가 지금 아는 것을
　　알지 못한 채 무지 속에 있었기 때문에 특권을 가질 수 있었다고 했다.

48

리가 없는 대도시의 삶으로 그 형식은 지성에 의해 형성되었다. (……) 문명에 속한 인간은 내부를 바라보며 살아가고, 문명화 과정에 있는 인간은 몸과 '사실' 사이의 공간에서 밖을 바라보며 살아간다."[14]

그러므로 정교하고 높은 수준에서 계승되는 해석적 제안과 역사철학(Geschichtsphilosophie)의 보편적 지향점 중에서 완성 가능하고 또 그래야 하는 것 하나를 선택해야 합니다. 여하튼 우리의 이런 대화를 통해 더욱 현세적이고 단조롭고 세속적이고 광범위하게 지역화된 요소들에 관심을 가지게 되었습니다. 이런 요소들은 현재 우리의 문화와 사고방식과 행동 양식의 발전을 고무하고 형성합니다.

T.L. 그렇다면 현대사회에서 문화는 어떤 방향으로 전개되고 있을까요?

Z.B. 여기서 당신이 추적해 봤으면 하는 방향은 분쟁 해결 과정에서 폭력과 강요 그리고 억압이 되풀이되는 현상인데, 이는 '더불어 사는 방식(modus co-vivendi)'을 위한 대화와 상호 이해를 위한 논의에 장애가 되고 있어요. 나는 이런 상황 전개에도 중요한 역할이 있고 미래에도 새로운 통신 기술에 의해 그 역할이 이어지리라 믿습니다. 원인이 아니라 주요 촉진 조건으로서 말입니다.

---

14 O. 슈펭글러, 『서구의 몰락, 세계사의 형태학 소묘(Il tramonto dell'Occidente. Lineamenti di una morfologia della storia mondiale)』, tr.di J.Evola, guanda, Parma 1991, pp.528~529.

T.L. 첫 번째 증언은 현재 서른이 된 미켈레의 경우입니다. "저는 아직도 밤에 악몽을 꿉니다. 당시 전 열두 살이었는데 부끄러움을 많이 타는 외톨이였죠. 같은 반 친구 세 명이 저를 화장실에 가두고 때리기 시작했는데, 처음에는 손으로 때리다가 나중에는 빗자루로, 급기야 주변에서 눈에 띄는 것이면 무엇이건 집어서 때렸습니다. 오 분 남짓 굴욕과 고통의 시간이 이어졌습니다. 두 명이 저를 때리는 동안, 나머지 한 명은 바지를 내려 제 몸에 오줌을 쌌습니다. 지금도 그날을 생각하면 눈물이 납니다. 단순히 굴욕감 때문만은 아닙니다. 그 후 일어난 일 때문이기도 합니다. 다음 날 저는 아버지와 함께 이 일을 교장 선생님께 말씀드렸습니다. 그러나 교장 선생님은 제 어깨 위에 한 손을 얹으며 이렇게 말했습니다. '이런 일은 얼마든지 일어날 수 있어. 불행하게도 요즘 아이들이 이런 식이니 어떡하니. 이런 일은 지나가는 거니까 걱정할 거 없어. 내일이면 모든 것이 좋아질 거야.'(세 명 가운데 한 명은 우리 시(市)에서 아주 부유하고 유명한 의사의 아들이었습니다.) 하지만 저를 향한 집단 괴롭힘은 이후에도 멈추지 않았고 같은 상황이 그 학년 내내 이어졌습니다." 미켈레의 이야기는 집단 괴롭힘이라는 양날의 검에 대한 증언입니다. 피부를 자르고 들어와 깊이 박힐 때 첫 번째 고통을 몰고 온 칼날은, 아직도 부족하다는 듯 몸에서 빠져나갈 때 또다시 고통을 줍니다. 미켈레의 고통을 이해하지 못한 교장 선생님은 결국 이 소년에게 가해지는 사회적 고립을 소년 자신의 책임으로 전가하고 만 셈입니다. 선생님은 집단 따돌림을 당해 본 적이 있습니까?

Z.B.　네. 그럼요, 있었죠. 그것도 매일 끊임없이 당해 봤습니다. 폴란드 포즈난(Poznań)에서 학교를 다니는 동안 계속 당했습니다. 전쟁이 일어나서 유대인 친구 두 명과 함께 고향을 탈출할 때까지 말입니다. 그 당시에는 사회학에 대해 전혀 몰랐지만, 집단 따돌림의 희생자가 된다는 것이 배제의 문제라는 것만은 그때 분명히 알게 되었던 게 기억나네요. '너는 우리와 달라, 너는 우리 가운데 하나가 아니야, 넌 우리 놀이에 끼어들 자격이 없어, 너하고는 안 놀아, 네가 우리 팀에 끼고 싶으면 우리가 주먹질을 하고 발로 걷어차며 모욕과 굴욕감을 주더라도 놀라지 마.' 하는 식이죠.

　한참 후에 사회학 서적들을 읽기 시작하면서 사회학자로 사고하는 법을 배운 다음에 깨달은 사실이 있습니다. 수백 명이 다니는 학교에서 단 세 명의 유대인 소년이 따돌림을 당한 일은 바로 우리의 가해자인 그들 자신의 또 다른 정체성을 드러낸 것이라는 사실 말입니다. 조금 더 지나서 나는 소설가 에드워드 모건 포스터(Edward Morgan Forster)가 소설에서 "연결만 하면 됩니다.(Only connect)"[15]라고 했던 조언에 따라, 대상을 한 명 정해서 무조건 그가 열등하다는 것을 증명하는 행위는 동전의 양면처럼 가해자 자신의 정체성과 분리할 수 없는 것임을 깨달았습니다. "그들"이 없이는 "우리"도 없기 때문입니다. 다행히 공동체 안에서 우리의 열망, 평가, 상호 인정을 현실로 만들기 위해서는 "그들"

15　1910년에 발표한 소설 『하워즈 엔드(Howards End)』에 나오는 유명한 글귀. 소설의 기본 주제는 다양한 사회 계급의 사람들이 겪는 관계와 그로 인한 삶의 고충이다.

이 있어야 합니다. 마찬가지로 희생당하는 그들의 이름과 행동으로 공동체를 드러내기 위해서는 우리가 그곳에 있어야 하고 마땅한 행동을 해야 한다고 봅니다. 그러므로 우리가 이 사실을 기억하고 주변 사람들에게 알리는 데 결코 지쳐서는 안 됩니다. 모든 면에서 "우리"의 생각이 "그들"의 생각과 결부되지 않는다면 아무런 의미가 없는 것입니다.

집단 따돌림이 없는 세상을 꿈꾸는데, 과연 이런 꿈의 가치가 지켜질까 두렵군요.

T.L.   그러니까 배제에 관한 것이라는 말씀이지요. 제가 말씀드릴 두 번째 증언이 바로 오만함과 배제의 감정에 대해 말하고 있습니다.

라우라는 열다섯 살인데 지금까지도 여전히 집단 따돌림 문제에서 벗어나지 못하고 있다는 면에서 미켈레와 다릅니다. 그는 이렇게 말합니다. "학교 가기 싫어요. 반 친구들이 나를 자기들과 다른 사람처럼 취급하거든요. 나도 그들처럼 되고 싶지만 그들이 허락하지 않아요. 그들처럼 옷을 입으면 웃고 그들이 하는 것을 따라 하면 나를 깔봐요. 친구들은 내가 실패자라며 친구도 애인도 결코 사귈 수 없을 거라고 해요. 나도 그들이 하는 말이 옳다고 믿기 시작했어요. 그들이 왜 나를 그토록 싫어하는지 이유는 모르겠지만, 이렇게 주변인으로 살아가는 것이 나를 너무도 아프게 하고 있다는 사실만은 분명해요. 이런 고통에 대한 해결책으로 자주 자살을 생각해요."

여러 측면에서 남성과 여성의 집단 따돌림은 다른 것 같습니다. 대부분의 경우 남성은 신체적인 폭력을 동원하는 반면, 여성은 폭언 또는 침묵으로 소외시키는 경우가 훨씬 많습니다.

미국 국립 교육 통계 센터(NCES, National Center for Education Statistics)[16]의 최근 자료에 따르면, 미국 학생 다섯 명 가운데 한 명이 집단 따돌림 희생자라고 합니다. 국제적으로 다양한 연구 결과가 지적하듯이 한 학생을 상대로 표출되는 분노의 근본적인 "동기" 중 하나는 동성애입니다. 그가 실제로 그렇든 아니면 혐의만 받고 있든 상관없이 말입니다. 또 다른 연구 결과는 게이 소년과 레즈비언 소녀는 다른 이들보다 자살할 확률이 세 배나 높다는 사실을 보여줍니다. 이런 위험에 대해서는 이미 몇 년 전에 워싱턴에 위치한 미국 보건복지부(HHS, United States Department of Health and Human Services)[17]에서 발표한 적이 있습니다. 이런 모든 사안에 대해서는 어떻게 생각하십니까?

Z.B. 개인적으로는 집단 따돌림의 동기 그리고 남녀 성별에 따른 차이 또는 가해자의 변명이나 가해 대상의 선택과

---

16 미국과 다른 여러 국가에서 나온 교육 자료를 수집하고 분석하는 연방 기관. 미 공립 교육부 산하 교육 과학 연구소에 소속되어 있으며, 의회의 명령에 따라 미국 교육 현황에 대한 종합적인 통계를 수집, 비교, 분석 및 보고하고 국제 수준에서의 교육 활동에 관한 보고서를 작성하여 게시한다. 앞서 언급한 집단 따돌림에 관한 연구의 최신 정보는 2016년 12월 말에 게재되었다. 다음 웹사이트 주소를 참고하기 바란다. https://nces.ed.gov/pubsearch/pubsinfo.asp?pubid=2017015

17 미국 시민의 건강과 관련한 일을 하는 연방 정부 행정기관. 공중 보건 관리, 사설 기관 감독, 질병 예방 활동, 식품 안전성과 의약품 조제 관련 감시 등을 한다.

관련된 사항을 너무 심각하게 다루고 싶지 않습니다. 따돌림의 동기는 그때그때 유행에 따라 달라지지만 실존적 폐해는 남습니다. 따라서 번거롭더라도 누적된 강박감을 완화하고 더 이상 스트레스가 쌓이지 않도록 탈출구를 마련해 주어야 합니다. 집단 따돌림의 욕구, 특히 그 대상과 동기는 항상 존재해 왔으므로 이 현상은 결코 없어지지 않을 것입니다. 예전에는 실존적인 불안과 그에 따른 공격성을 악마의 탓으로 돌려 정당화하려 했고 한때는 불행한 결혼이나 불감증, 부모에 의한 성적 착취도 이런 맥락에서 이해된 적이 있었습니다. 최근 교사와 사제, 특히 유명인의 스캔들로 불거진 어린이 성폭력도 유사한 경우죠. 그리고 이제는 동성애자가 비난을 받고 있습니다. 그런데 이민자에 대한 언급을 잊은 것 같네요. 현재 이민자 관련한 주제가 다른 것들에 비해 한참 뒤로 밀린 듯합니다만……

T.L.   아하, 이민자 문제가 있었네요, 선생님! 옳은 지적입니다. 이민자 문제는 분명 우리 앞에 놓인 또 다른 시대적 의제입니다. 지금으로부터 이백 년도 훨씬 전에 임마누엘 칸트(Immanuel Kant)는 아주 뻔한 사실에 주목했습니다. 지구가 둥글다는 것이 구체적으로 어떤 결과를 낳을 수 있는지 자문했죠. 이 이야기는 저도 선생님에게서 수차례 들었습니다. 지구에서 태어난 우리에게 가장 확실한 사실은 우리 모두 지구의 둥근 표면 위에 살고 있다는 것입니다. 그러니 지구의 둥근 표면 한 지점에서 다른 지점으로 "옮기는 것", 즉 이동하는 것이 어떤 의미일지를 한번 생각해 봅시

다. 우선 다른 사람들과의 거리를 계속해서 '좁힐 수 있다'는
의미겠죠. 그렇습니다. 구체의 표면을 따라 움직이는 것은
출발 지점으로부터 거리를 더 늘리고자 하는 것이지만 실제
로는 다음 도착 지점과의 거리를 좁히는 결과를 불러올 뿐
이기 때문입니다. 칸트는 계속 관찰하며 다음과 같은 사실
을 확인했습니다. 조만간(그가 두 세기 전에 이 기록을 남겼
다는 사실을 감안하더라도 그가 생각했던 '시간 범위' 안에
우리도 속한다고 볼 수 있겠죠.) 우리가 도전할 수 있는 빈
공간은 사라지고 그 자리가 벌써 비슷비슷한 사람들로 채워
져 너무도 불편하고 답답해질 날이 올 것이라는 사실입니
다. 칸트의 관찰을 통해 우리는 상대방에 대한 '환대'를 현대
사회를 지탱하는 대들보로 간주하고 이를 자연이 우리에게
부여한 과제로 받아들이는 것이 합리적이라는 것을 확인할
수 있습니다.

조금 전에 이야기한 주제인 집단 따돌림과 관련하여 키
티 제노비스(Kitty Genovese) 사건이 떠올랐습니다. 이 사건
은 '무관심'에 관한 에피소드가 아니라 사람들이 개인의 책
임을 어떻게 사회집단의 책임으로 돌리려 하는지 보여 주는
사례입니다. 일상 속에서 사회적 관계가 침해되거나 통제
될 경우 대부분 개개인의 존재감을 강하게 드러낸다는 사실
을 스스로 망각한 채 말입니다. 이 사건은 이런 현상에 대한
유용한 사례로 그동안 사회심리학 분야에서 활용되어 왔습
니다. 키티 제노비스는 뉴욕에 사는 여성으로 퀸스(Queens)
타운 큐 가든(Kew Gardens) 거리에 있는 자신의 집 근처에
서 칼에 찔려 숨졌습니다.

때는 1964년, 사건 발생 다음 날 《뉴욕 타임스》는 그녀
의 '비명횡사'를 1면 톱으로 다루며 제목을 이렇게 뽑았습니
다. "서른일곱 명이 살인 현장을 지켜보며 누구 하나 경찰에
신고조차 하지 않았다."[18]

도대체 무슨 일이 있었던 것일까요? 자, 여기 간단명료
한 답이 있습니다. 비극적인 사건을 홀로 목격한 개인은 집
단에 속해 있을 때보다 타인을 구조하기 위해 행동할 확률
이 더 높다는 사실입니다.

이 사건과 그 후 벌어진 논쟁까지 굳이 거론하지 않더라
도(키티 제노비스의 남동생이 사건의 진실을 파헤치는 과정
에서 언론 보도와 실제 있었던 일 사이에 여러 모순점을 발
견했기 때문입니다.) 이 사건이 주는 메시지는 분명합니다.
비록 일시적일지라도 집단 안에서 이루어지는 경험이 개인
을 변화시켜 더 연약하고 경솔한 사람을 만들어 내는 것 같
습니다. 아무튼 최종 결과는 바뀌지 않습니다. 가엾은 여자
가 어떤 미친놈에게 살해당했다는 것과 십중팔구는 이웃 주
민이었을 사람들이 모두 그 장면을 자기 집 커튼 뒤에서 보
고 있었습니다. 심지어 희생자가 절규했는데도 아무도 집
밖으로 달려 나오지 않았고 사건이 발생한 지 삼십여 분이
지나도록 아무도 경찰을 부르지 않았습니다. 그러니까 조명
이 켜진 상태로 유리창 뒤에서 바라보던 역광 속 그림자들
은 행동에 나서야 할 때 자신들의 책임감에 먹칠을 하고 있

---

18   이 사건에 관해서 《워싱턴 포스트》와 《뉴욕 타임스》 간에 왜곡 보도 논쟁이
      있었으며 2016년 미국의 솔로몬 감독이 이를 파헤친 다큐멘터리 영화
      「목격자」를 발표했다. ─ 옮긴이

었던 것입니다.(지금 나만 보고 있는 게 아니라 당신들도 보고 있잖아. 근데 왜 당신들이 아니고 내가 나서야 해?) 그러니 사람을 구해야겠다는 개인적 충동이 사라지는 건 필연적이죠. 1964년 그날, 선생님께도 기억에 남는 장면들이 있습니까?

Z.B. 그렇습니다. 말하자면 나도 그 사건을 '겪었다'고 할 수 있죠. 키티 제노비스 사건은 당시 계몽된 여론의 반향을 크게 불러일으켰고, 학문의 영역을 넘어 암묵적이든 명시적이든 유지하고 있던 관련 이론들을 수정해야 했으니까요. 내가 제대로 기억하고 있다면 그 사건 이후 벌어진 논쟁 중에 도덕적 공황 상태에 관한 논의가 이례적으로 길게 이어졌던 것 같습니다. 그때 처음으로 "방관자"라는 개념을 들었는데 누군가가 나쁜 일을 저지르는 것을 보면서 시선을 돌리고 그 행위를 막기 위해 아무런 행동도 하지 않는 사람을 가리킵니다.

이 개념은 내게 큰 충격을 주었는데 아마도 그동안 대량 살상에 관한 연구에서 누락되었던 사항 가운데 가장 크고 중요한 연구 과제로 반드시 연구 대상에 포함해야 하는 개념이었죠.

하지만 현대 문명의 정점에서 발생한 홀로코스트의 수수께끼를 해독하려는 내 개인적인 연구를 인정받기까지는 이십 년이나 걸렸습니다.

제노비스 사건이 1964년에 일어났다는 것을 기억할 필요가 있습니다. 모든 가치가 재평가되던 문화혁명의 문턱이었고 이 혁명으로 각인된 1960년대가 문화사로 역사에 기록되던 해였으므로, 여론이 관심을 끌 만한 새로운 주제를 모색하던 때에 이 사건이 일어났습니다. 언젠가 심리학자 고든 올포트(Gordon Allport)가 농담조로 지적했듯이, 인문학 분야에 몸담고 있는 우리는 결코 문제를 해결하지 못할 뿐더러 싫증만 낼 뿐입니다……. 그렇지만 올포트도 잊은 것이 하나 있는데, 모든 문제에 다 해결책이 있는 것은 아니라는 점입니다. 해결책이 없는 경우도 많으니까요. 제노비스의 경우처럼 이유 없는 살인이 여기에 속합니다. 범죄 영화에서 보듯이 경찰은 먼저 범행 동기를 찾지만 그것은 불가능한 임무를 수행하는 것에 불과하고, 그런 면에서 공직자, 배심원, 판사도 마찬가지입니다.

하지만 돌이켜 보면 제노비스 사건은 또 다른 현상을 조명하고 있다는 것을 알 수 있습니다. 해를 거듭할수록 "우발적인 악" 또는 "이유 없는 범죄"라는 개념이 점점 더 불길하고 긴박하게 등장한 것입니다. 재판 과정에서 범인 윈스턴 모즐리(Winston Moseley)는 범행 대상으로 남성이 아니라 여성을 택한 것은 단순히 여성이었기 때문이라고 배심원에게 밝혔습니다. 여성은 "공격하기가 쉽고 반항도 하지 않기 때문"이라는 것입니다.

아무런 목적 없이 행해지는 "이유 없는" 악행이나 "우발적" 범죄, 그리고 냉소주의에는 현대를 사는 우리의 사고방식으로 볼 때 악행을 초래한 "원인과 결과"에 대한 합리적인 이해와 설명을 회피한다는 특징이 있습니다. 이 같은 문제의식은 특히 오스트리아의 저명한 영화감독이자 시나리오

작가 미카엘 하네케(Michael Haneke) 영화의 중심 주제이
기도 합니다. 그는 악으로 뒤집힌 이런 혼란 상태를 가장 민
감하고 깊이 있게 다루는 탐험가이자 보도 기자 가운데 한
사람입니다. 루이사 지엘린스키(Luisa Zielinski)는 《파리
평론》에서 그를 인터뷰하며 그의 영화를 이렇게 정리했습
니다. "그의 카메라는 할리우드식 저속함과 고문과 같은 포
르노를 외면하고 그 대신 관객이 느끼고 있는 일상의 잔인
함에 초점을 맞춘다. 예컨대 집단 따돌림 같은 옹졸한 행동,
경청할 줄 모르는 태도, 계급주의적 망상 그리고 사회적 특
권 같은 것들이다."[19] 2001년 5월, 일간지 《가디언》의 영화
평론가 피터 브래드쇼(Peter Bradshaw)는 하네케의 "미지의
코드(Storie)"에 대해 "현혹적이고 타협하지 않는 정의하기
불가능한 영화"라고 주장한 적이 있습니다. 하지만 나는 하
네케가 등장인물의 세계에 존재하는 방법과 수단을 의도적
으로(그리고 신중하게!) 별다른 해설이나 설명 없이 무대에
올리는 방식 자체가 바로 "정의 불가능"하기 때문이라고 지
적하고 싶군요. 그의 모든 작품에서 정확히 반복되는 메시
지가 하나 있는데, 최근에는 영화 「아무르(Amour)」의 마지
막 장면에서 몇 분간이나 지속되는 긴 침묵 속에 병마로 가
혹하게 무너지는 몸과 남편에 의해 이제 막 질식사한 그녀
의 육신, 그리고 딸에 의해 무한히 반복되는 현실을 볼 수 있
습니다. 표현할 수 없는 것을 표현하고, 말할 수 없는 것을

---

19   인터뷰는 다음 웹사이트에서 확인할 수 있다. https://www.theparisreview.
      org/interviews/6354/michael-haneke-the-art-of-screenwriting-no-5-
      michael-haneke.

말하고, 이해할 수 없는 것을 이해시키는 하네케의 능력에 비해 나의 수단들은 비교할 수 없을 만큼 부족합니다만, 이제 고인이 된 내 동료이자 사랑하는 친구 레오니다스 돈스키스(Leonidas Donskis)의 놀라운 감성 덕분에, 그와 함께 쓴 두 권의 책『유동하는 악(Liquid Evil)』과『도덕적 불감증(Moral Blindness)』을 통해 하네케에게서 느꼈던 것과 동일한 신비감을 마주해 본 적이 있죠. 새롭거나 아직 알려지지 않은 사건들은 단순히 그렇다는 이유만으로도 쉽게 충격을 주는 경향이 있습니다. 그러나 그 횟수가 계속해서 늘어나거나 그런 일을 매일 되풀이해서 보거나 듣게 될 경우, 사건이 주는 충격 효과는 사라질 수 있습니다. 처음 보거나 듣게 될 때는 당혹스럽고 소름 끼치지만 같은 일이 반복되면 원래 그랬던 것처럼 "정상적" 혹은 "일반적"인 것이 되고 맙니다. 다른 말로 하면 하찮은(trivialised) 것이 되어 버리고, 하찮음(trivia)은 충격을 주지 않고 즐기며 끌어당기는 기능을 합니다.

2011년 아네르스 베링 브레이비크(Anders Behring Breivik)는 두 건의 살상 범죄를 저질렀습니다. 우선 오슬로 정부 청사에 폭탄을 던져 민간인 가운데 우발적인 희생자들을 냈고, 다음으로 노르웨이 집권당인 노동당(Auf) 청소년 여름 캠프에 참가한 사람들을 향해 무차별 총기 난사를 자행했습니다. 그는 사전에 이슬람과 페미니즘이 힘을 합쳐 "유럽의 문화적 자살을 초래한" 죄를 물어 응징하겠다고 온라인으로 범죄를 예고했습니다. 그는 자신의 미친 행동의 '동기'가 "나의 선언을 공개적으로 실천하는 것"이라고도 했습니다. 여기서 우리는 브레이비크가 현시대의 공통된 감각을 이용하고 있다고 말할 수 있는데, 광고가 스캔들을 부추기고 더 지독한 내용일수록 TV 시청률과 신문 판매 부수가 늘어나 흥행 수입이 높아지기 때문이죠. 한편 신중한 독자는 원인과 결과 사이에 아무런 논리적 연관성이 없다는 점에 놀랐습니다. 한쪽에는 이슬람과 페미니즘이 있고 다른 쪽에는 대량 학살의 우발적인 희생자가 존재하는 식이죠.

우리는 이런 비논리적인 상황, 아니 전혀 상상도 하지 못했던 이 같은 상황에 조용히 적응하고 있습니다. 브레이비크는 결코 예외적인 실수로 태어난 피조물도 아니고 그에 필적할 만한 아류가 존재하지 않는 유일한 괴물도 아닙니다. 그가 소속된 조직은 "모방하기"로 알려진 방식을 통해 늘 새로운 구성원을 모집하는 것으로 유명합니다. 예컨대 미국의 학교 캠퍼스와 공공 행사장에서 일어나는 일들을 보세요. TV 화면에서 테러 행위나 폭력적인 장면을 끊임없이 보게 될 것입니다. 당신들이 살고 있는 도시에서 상영되는 영화 프로그램이나 최근 몇 달간의 베스트셀러 목록을 한번 훑어보기만 해도 우리가 매일 얼마나 많은 폭력, 그것도 우발적이며 아무런 이유도 동기도 없는 폭력적 광경에 노출되고 있는지 알게 될 겁니다. 악행은 정말 일상적인 것이 되었고, 그로 인해 우리가 악의 존재와 그 징후에 무감각해졌거나 아니면 조만간 그렇게 될 것이라는 점이 가장 큰 문제입니다. 악행을 저지르는 데에는 더 이상 동기가 필요 없어졌습니다. 집단 따돌림을 포함해서 악은 뚜렷한 목적을 가지고 은밀하게 움직이던 단계에서 이제는 점점 더 증가하는

"방관자들"을 위해 여가와 오락의 영역으로 이미 상당 부분 이동하지 않았을까요?

3
섹스와 사랑의 변화

감정적인 전자 상거래 시대에 쇠퇴하는 금기들

T.L.   과거로 돌아갈 수 없다는 이유만으로 우리는 지난 시간을 안타깝게 생각합니다. 실제로 우리는 지난 시간이 "좋았다"고, 그 시절엔 더 견고한 원칙이 있었다고 말하며 과거를 아쉬워하는 사람들을 매일같이 만나게 됩니다. 한편, 카페에 가거나 신문을 훑어보다 보면 이런 모든 '비-장소(non-places)'[20]에서 반복적으로 언급되는 대화 주제를 발견하게 되는데 그것은 젊은이들이 인터넷과 스마트폰 때문에 젊음을 즐기지 못하고 있는 것과 같은 현상입니다. 이제 사람들은 쉴 새 없이 스마트폰을 쳐다보고 어딘가에 접속되어 있으며 가장 현대적이고 유동적인 '비-장소'라 할 수 있는 웹(web) 공간에 들어가서 영원히 머무는 것 같습니다. 관계의 흐름은 꾸준히 생성되지만 실제로는 존재하지 않는 주머니 속 림보(limbo)처럼 말입니다. 예컨대 스마트폰을 가진 두 사람이 만나면 잠시 이야기를 나누고 나서 이내 각자의 전화기 속 디지털 세계에 몰두합니다. 그러나 요즘 아이들도 과거의 우리와 크게 다르진 않습니다. 약간 차이가 있을 뿐입니다. 우리가 고정된 유선 전화기와 함께 자랐다면

---

20   여기에서 말하는 '비-장소'는 인류학적인 장소와는 상반되는 개념이다. 프랑스 민속학자이며 인류학자인 마르크 오제(Marc Augé)가 정의한 개념으로 정체성도, 역사도, 관계도 없는 곳을 '비-장소'(non-lieu, 일각에서는 이를 '얼굴 없는 장소'라 부르기도 한다.)라고 했다. 오제에 따르면 우리의 슈퍼 모더니티 사회는 놀랍게도 이런 비-장소들을 생산해 내고 있는데, 이들은 대중교통, 호텔 같은 임시 숙소, 쇼핑몰 같은 상업 공간 등으로 시대의 상징과 기준이 된다. 오제는 여행지도 전형적인 비-장소라고 했다. 상술하면 '비-장소'는 겹치기는 해도 섞이지는 않는 두 가지 특징에 따라 만들어진 공간이다. 다시 말해서 특정 목적에 따라 정해진 장소(운송, 대중교통, 유통, 레저) 그리고 개인이 이러한 공간과 상호 작용하는 관계 자체를 의미하기도 한다.

이들은 각자의 전화기에 자신을 고정시키는 것이죠! 누군가는 모두가 그렇지는 않다고 할 수 있습니다. 제가 열다섯 살 때, 휴대폰을 학교에 가져가는 게 막 유행하기 시작했습니다. "휴대용" 전화기의 가격은 당시 40만 리라[21]가 넘었고 휴대하기에는 만만치 않은 크기여서 큰 주머니에만 들어갈 수 있었어요. 한번은 청바지 앞주머니에 넣고 다니다가 신발 위까지 삐져나온 안테나를 발견하기도 했죠. 우리도 종일 전화기에 얼굴을 대고 시간을 보낸 적이 있는데 누군가는 그 이유를 기억할 겁니다. 딱 한 번만 울리는 토큰 콜(token call)[22]이 울리기를 기다렸던 거니까요. 이런 원-벨 통화의 유행은 2000년대 초까지만 해도 미디어가 완전히 간과했던 것이지만, 당시의 젊은이들에게는 오늘날 왓츠앱(WhatsApp)의 가치만큼이나 중요한 것이었습니다. 만약 마음에 드는 여학생이 있으면 먼저 휴대폰이 있는지 확인하고, 그다음엔 어떻게든 그녀의 전화번호를 입수한 후, 끝으로 가장 중요한 일을 해야 합니다. 바로 전화벨을 딱 한 번만 울리게 하고 끊는 것입니다. 벨이 울렸는데도 반응이 없으면 그녀가 "밀당"(이 말이 무슨 뜻인지도 모르면서 우리는 즐겨 사용했죠.)을 하는 것으로 보면 됩니다. 이때 전화를 다시 해 볼 필요는 있지만 도를 넘어서는 안 됩니다. 그녀의

21　당시 한화 25만 원 상당이다. ― 옮긴이
22　1990년대 말 또는 2000년대 초에 청소년 사이에서 유행한 것으로 '너를 생각하고 있다고 말하고 싶을 때' 울리는 일종의 메시지로 벨을 한 번 울리고 끊는 것이다. 흔히 양다리를 걸칠 때, 한쪽과 있으면서 다른 쪽 이성 친구에게 '나 지금 딴 친구와 있지만 너를 생각해.'라는 메시지를 던지고 싶을 때 활용한 것으로 보인다. ― 옮긴이

남자 친구에게 모욕을 당할 수도 있으니까요. 운이 좋으면 기다리던 메시지가 도착합니다. 지나가는 산들바람처럼, 누군가가 당신에게 예기치 않은 선물을 하듯이, 여름날 뜨거운 열기를 식혀 줄 만한 메시지! 어떤 메시지가 떴는지 짐작할 수 있겠어요? "누구세요?"라고 뜹니다. 그 순간, 당신은 무슨 일을 저질렀는지 깨닫습니다. 진실을 털어놓을 것인지 아니면 다른 사람인 척하든지 선택해야 합니다. 전화를 받은 그녀가 이미 친구들과 함께 발신자가 누구인지 확인하려고 교차 확인을 한 게 분명해 보인다 해도 말이죠. 그때부터 당신은 햇빛 때문에 잘 안 보이는 화면을 하루 종일 들여다보며 메시지가 뜨기만을 기다립니다. 이런 에피소드는 지금도 "계속되는" 양상인 듯해서 언급한 것입니다.

오늘날과 마찬가지로 당시 젊은이들도 모든 면에서 공간을 압도하는 시간 덕분에 공간적인 격차를 줄이고 섹스 파트너를 빠르게 선택할 수 있는 방법에 특별한 관심을 기울였습니다. 왓츠앱, 텔레그램, 스냅챗(snapchat) 그리고 메신저는 모두 이런 훌륭한 기능을 갖추고 있어서 시간을 단축하여 원하는 대상에 신속하게 도달하게 해 줍니다. 이는 시간적인 장애물을 마치 얇은 막에 불과한 것으로 처리하여, 이전에는 없었던 방식으로 공간적 거리감을 없애 버린 즉각적인 교류 방식입니다. 사람들은 보통 이런 식으로 질문합니다. "제가 로마에서 마이애미에 있는 당신에게 가려면 시간이 얼마나 걸릴까요?" 반면에 누군가가 "당신한테 가려면 몇 킬로미터를 여행해야 합니까?"라고 묻는 말을 들어 본 적이 있나요? 유동하는 근대는 우리의 심리 패턴을 바

꿔 놓았고 그 결과 우리의 전형적인 운동감각마저 바뀌었습니다. 하지만 우리의 정체성과 관련하여 웹은 실제로 무엇을 의미할까요? 웹은 별개의 세계일까요, 아니면 우리의 정체성과는 분리할 수 없는 하나의 완결된 세계일까요? 웹이 인간의 정체성을 보여 주는 쇼케이스 역할을 하며 자신의 네트워크상에서 희생자를 남긴 사례는 수없이 많은데요, 특히 상처 받기 쉬운 개인에게 가해진 음흉하고 폭력적인 공격 때문에 자살에 이른 경우도 많이 생겨났습니다. 신분을 감추고 무슨 내용이든 쓸 수 있는 사이트인 Ask.fm[23]의 나쁜 평판을 들춰서 굳이 "불쾌감"을 초래할 필요는 없겠지요. 구체적인 사례로 사이버 집단 따돌림과 명예훼손이 난무하는 현실을 떠올리면 되니까요. 웹에서 일어나는 모든 일에는 분명 공통된 특징이 있는데, 공공 영역이 축소될수록 사적 영역이 커진다는 점입니다. 그러나 바로 이런 현상이 시민의 '정치적' 의미를 약화합니다. 소셜 네트워크와 함께 웹은 우리가 좋아하는 것과 다양한 견해를 통해 보편적인 민주주의를 형성하고 확산시킬 수 있다고 믿게 하지만, 실제로는 다른 사람들의 비전에 우리의 개인적이고 사적인 비전을 보태고 마는 데 그칩니다. 그러면서 우리는 다시 한번 사

---

23 150여 개 국가에서 1억 3900만 명의 회원이 등록한 SNS 서비스. 한국어를 포함하여 49개 언어로 운영되며 라트비아 회사인 Sia Ask.fm(LLC)에서 설립했다. Q&A 웹사이트 Ask.com과 합병되어 2014년 12월 1일부로 아일랜드에 소재한 Ask.fm Europe, Ltd.로 이전되었다. 이용자의 절반 정도는 18세 미만 청소년이다. 집단 따돌림 등 여러 가지 청소년 문제가 사이트에서 벌어졌고 Ask.fm에 대한 광고 중단 운동이 벌어지는 등 논란이 되었다. https://ko.wikipedia.org/wiki/Ask.fm 참조. ─ 옮긴이

적인 것을 공적 영역에 내놓게 됩니다. 우리는 흔히 소셜 네트워크상의 의견들을 동일한 물방울로 이루어진 강물 같은 것이라고 상상하지만, 사실 이들은 물과 섞이지 못하는 수많은 기름방울이 떠 있는 호수와 흡사해서 실제 영향력을 발휘하지 못하고 우리 각자의 존재만 드러낼 뿐입니다. 물방울들이 서로 비슷한 것은 사실이지만 그걸로 충분하지는 않죠. 그리고 우리가 이 모든 것을 외부에서 바라볼 때 어떤 일이 일어날까요? 이런 거대한 흐름을 단 세 단어로 평가 절하하는 가장 흔한 표현이 있다면 그것은 이 흐름을 (여러 매체에서 거의 매일 쓰고 있는) "웹상의 대중"이라 부르는 것입니다. 이 용어는 현실 속 커뮤니티와는 전혀 상관없는 실체를 암시합니다. 동일한 사람들로 구성되지는 않았으나 사실상 존재한다는 의미죠. 우리는 웹을 이상적이고 정치적이며 민주적인 생활환경으로만 알고 있습니다. 하지만 충격적인 사실은 웹이 민주주의보다는 전체주의에 더 가깝다는 것입니다. 그렇습니다. 실시간으로 전해지는 뉴스와 이미지의 유통으로 "잠에 취한 방관자의 삶"이라고 부를 수 있는 이 상황은 분명 견고한 민주주의에 기반을 두고 있지만, 웹상에서 우리가 개인 영역을 만드는 방식, 즉 타인과의 접속과 차단을 통해 관계 형성을 주도하는 "적극적"인 네티즌의 활동은 민주적인 방식과는 거리가 멉니다.

  오히려 정반대로 소셜 네트워크상의 개인 프로필을 통해 우리는 모두 전체주의적 환상을 경험한다고 할 수 있는데, 누군가를 개인적으로 모른다는 이유로 접근을 금지하고 "접속" 요청을 배제하는 자유를 누리고 있으니까요. 얼마 전까지도 페이스북은 개인적으로 모르는 사람에게 친구 요청을 한 사용자를 신고할 수 있도록 했습니다. 자기 계정이 차단될 위험을 무릅쓰고 타인의 디지털 영역에 들어가려던 가 없은 신청자의 유일한 잘못은 모르는 사람에게 친구 신청을 했다는 것뿐입니다. 게다가 소셜 미디어에서는 누구나 일 분 안에 가짜 프로필을 만들어 다른 사용자에게 손해를 끼칠 수 있는데 이런 일이 사생활을 보장한다는 명분으로 보호되고 있습니다.

미국의 심리학자 필립 짐바르도(Phillip Zimbardo)는 여학생을 두 그룹으로 나누어 한쪽은 KKK단(Ku Klux Klan)[24] 같은 모자와 망토를 씌워 익명으로 실험을 하고 다른 쪽은 평범한 옷을 입혀 실험을 했습니다. 두 그룹 모두 다른 사람에게 전기 충격을 가하기로 한 결과 KKK단처럼 두건을 쓴 그룹이 얼굴을 가리지 않은 그룹보다 두 배나 더 오래 방전 버튼을 눌렀습니다.

그는 또 스탠퍼드 교도소에서 시도한 유명한 실험으로 '탈개인화' 현상의 힘을 입증해 보이기도 했습니다. 또 다른 미국 심리학자 에드워드 디너(Edward Diener)는 탈개인화가 자기 인식 능력을 약화하여 자신이 어떻게 행동해야 하

---

24 미국 남북전쟁 이후에 처음 나타난 인종차별주의적 극우 비밀 조직. 1차 세계대전이 끝나고 '적색 공포'와 고립주의의 물결이 일어나면서 그 세력이 더욱 강해졌다. 쇠퇴해 가는 농촌 지역 태생 중하층 계급 출신 백인 남자(native Americans)로 구성되었다. 그들은 미국이 프로테스탄트 국가라며, 프로테스탄트 근본주의 신앙을 옹호하는 한편 '비미국적인' 것으로 여겨지는 흑인, 가톨릭교도, 유대인, 이민자를 공격한다. 흰 두건을 쓴 채 행진하고 비밀 집회에서 불십자가를 내세우곤 한다. ─ 옮긴이

는가에 대한 내적 규범을 제대로 정립하지 못한다고 지적했습니다.

그리고 보니 인터넷 때문에 우리가 어떤 환상을 품게 됐는지도 모르겠네요. 인간은 각자 유일한 존재이며 인생의 의미를 탐구하는 과정에서 엄청난 양의 정보를 잘 관리할 수 있는 존재라는 환상 말입니다.

Z.B. 웹과 관련한 당신의 경험을 잘 정리해 주었는데, 짧고 함축적이지만 우여곡절도 많았군요. 돌이켜 보니 과연 큰 기대와 좌절된 희망이 뒤섞인 상황이 그 특징인 것 같네요. 당신이 적절히 지적했듯이 웹은 "분별 있고 민주적인, 이상적 생활환경"의 창조를 약속하면서 자신만만하게 우리 세계로 들어왔지만, 과연 우리를 어디로 인도하려는 걸까요? 모르긴 해도 요즘 직면하는 민주주의의 위기로, 정치와 이념의 분열과 갈등을 심화하는 쪽으로 우리를 데려가는 게 아닌가 싶습니다. 우리는 가상현실 공간을 통해 다시 태어날 수 있는 가능성을 열렬히 수용했지만, 우리가 두 번째 삶을 꾸려 가려는 이 세계는 사이버 폭력과 비방이 난무하는 공간입니다. 그렇습니다. 웹의 출현이 이름을 알리고 싶은 우리의 욕구를 즉시 현실로 만들어 주었지만, 거기에 현혹되는 바람에 웹을 우리 손길 가까이 두는 것이 이제 거의 의무처럼 되었습니다. 그리하여 기회를 잡는다는 것이 거의 복권 당첨 같은 것이 되고 말았습니다.

그러니 처음부터 다시 당신의 질문을 하나씩 되짚어 봅시다. 정보 기술에 의해 한 세대 만에 단계적으로 인간의 조건에 혁명적인 변화가 나타난 것부터 살펴봅시다. 이 변화를 이끈 발명가와 개척자 들에 따르면, 당시 인류에게 필요한 정보를 모두 담기 위해서는 열두 개 정도의 대형 구조물이 필요했고 이를 시작으로 수많은 형식의 기기가 발명되었는데, 초기에는 휴대 가능한 정도의 크기였던 것이 나중에는 손안에 쏙 들어올 만큼 작아지기까지 진화를 거듭하고 있습니다. 노트북, 태블릿, 휴대전화, 그리고 지금 우리의 대화가 끝나기도 전에 온갖 값싼 기기들이 "시장에 출시" 되고 있을지도 모릅니다. 이 기기들은 매 순간, 스물네 시간, 일주일 내내, 연령대와 상황을 불문하고 주머니나 가방 안에, 대부분의 시간은 손에 들린 채, 수억 명이 넘는 소유자의 손길이 닿는 곳에 있습니다. 우리는 혼자일 때도 온라인 세계에 잠재적으로 늘 접속된 상태에 있거나 접속한 것으로 느끼고 있다고 할 수 있습니다. 그렇다고 해서 오프라인 세계가 사라진 것도 아닙니다. 가까운 시일 안에 사라질 것도 아닙니다. 그리고 현실 세계, 즉 신참자인 '온라인'에 대비되는 개념으로 '오프라인'이라 명명된 이 세계에서는 앞서 언급한 특권은 적용되지 않습니다. 오프라인 세계가 지금까지 우리가 살아온 유일한 세계였고 그때는 요즘의 온라인 세계와 유사하거나 그에 대응할 만한 것이 창조되기 전이라, 요컨대 인류 역사의 대부분에 해당하는 시간에는 이 같은 특권이 적용되지 않았습니다.

그러나 이제 그 실체가 명확히 구별되며 완전히 대칭을 이루고 있는 두 세계가 존재하므로 이를 조화시키고 공통분모를 강화하는 일이 21세기 삶의 기술이 우리에게 요구하는

바가 되었고, 이를 우리 것으로 만들어 활용하는 능력이 중
요해졌습니다. 우리가 양쪽(온라인과 오프라인) 세계에서
살아가는 운명이 된 순간부터 둘로 구분된 세계와 행동 규
칙, 공존과 상호 교류의 방식도 다양해졌고 그에 따라 언어
와 행동규범도 달라졌습니다. 또한 "해야 하는 것"과 "하면
안 되는 것" 사이의 경계도 다르게 규정되었으며 우리의 시
간과 일상을 쪼개어 살아갈 수밖에 없게 되었습니다. 결국
21세기를 사는 인간은 "두 세계"에 살고 있는 셈입니다. 나
는 그 두 세계 가운데 하나인 오프라인에 속해 있습니다. 또
다른 세계는 온라인으로, 여기서는 정보 기술이 제공하는
각종 기기와 전략, 편법을 이용해 우리 삶의 방식과 수단을
형성하도록 유도하고 부추기는데, 이 세계는 흔히 과장된
방식으로 나타나는 데다 너무 자주 접하다 보니 마치 내가
원래부터 속해 있던 세계처럼 느껴질 정도입니다. 부분적이
긴 해도 나는 이들의 형식과 내용을 계획할 수도 있고 불편
하거나 원치 않는 조각들은 지우기도 하고 제거하기도 합니
다. 성과를 모니터링할 수도 있고 내가 설정한 기준들을 충
족하지 못하면 언제든지 삭제할 수도 있습니다.

　　간단히 말해서 오프라인과는 달리 온라인에서는 내가
통제하고 내가 주인이며 내가 규칙을 정합니다. 내게 오케
스트라 지휘자의 소양은 없을지 모르지만, 어떤 음악을 연
주할지는 내가 결정합니다. 일부 재치 있는 관찰자들은 이
런 행복감을 과자 가게에 홀로 남겨진 아이가 느낄 수 있는,
뭔가에 압도된 것 같은 기분에 비유하기도 했죠. 그러나 문
제는 그 아이가 어떤 과자를 골라 그 맛을 즐기느냐 하는 것

입니다.

친애하는 토마스 씨, 이 대목에서 (당신이 말했듯 인터넷 접속이 "분별 있고 민주적인, 이상적 생활환경"을 만들어 준다는) 대다수의 견해는 씁쓸한 실망감으로 귀결되었습니다. 웹에 접속하는 일은 더 이상 좀 더 나은 이해를 위한 탐구도, 폭넓은 시야를 보장하는 방법도, 그동안 외면해 온 개념에 대한 인식이나 삶의 양식도 아니라는 점이 밝혀졌습니다. 물론 과거에는 "이상적이고 민주적인 생활환경"을 만든다는 것이 대화의 장을 구축하는 일이었지만 말입니다. 이와 관련한 대부분의 사회학적 연구에 따르면 인터넷 사용자의 대다수가 '접속'의 용이성 때문이 아니라 '탈퇴'의 용이성 때문에 인터넷에 끌린다고 합니다. '탈퇴'의 용이성이 더 매력적이라는 의미인데, 인터넷 사용자들이 벽을 부수고 창문을 열기 위해서라기보다는 피난처를 만들기 위해 탈퇴를 시도했고, 삶이 초래하는 혼란과 무질서, 지성과 평온이 위협받는 상황에서 벗어나 온전히 자신을 위한 안전지대를 마련하기 위해, 또 우리와 의견이 달라서 타협하기 어렵거나 짜증과 스트레스에 쉽게 자극받는 사람들과의 논쟁을 회피하기 위해 '탈퇴'를 선호한다는 것이죠. 공개하고 싶지 않은 내용은 간단히 삭제하고 원치 않는 방문자의 진입도 쉽게 차단하여 네트워크 환경을 오프라인에서는 실현 불가능하고 받아들이기 힘든 "훌륭한 격리 상태"로 유지할 수 있게 만드는 거죠.(거리에서 또는 가까운 이웃이나 직장에서 이와 동일한 결과를 얻을 수 있는지 한번 시도해 보시길……) 웹은 인류 통합과 상호 이해, 협력과 연대의 양적 증가와 질적 향상에 이바지하기도 했으나 담쌓기, 분리, 배제, 적대감이나 갈등 같은 부정적인 면을 쉽게 조장하기도 하죠.

당신은 또 한 가지 매우 중요한 문제를 거론했습니다. "사이버 폭력과 비방의 숱한 사례들" 말입니다. 인터넷은 사실 누구에게나 은닉, 비방, 중상모략과 명예훼손 등 일반적으로 허위 사실 유포가 가능한 공간을 제공합니다. 소련의 전직 고위 관료가 자신의 회고록『내 모국에 대한 추억』에서 러시아의 "민주주의" 혁명이 "집권당의 거짓말에 대한 독점권을 청산했다."라고 신랄하게 지적했듯이.[25] 아마 가해자는 피해자와 직접 마주칠 일이 없을 겁니다. 피해자 역시 가해자의 얼굴을 볼 일이 없겠죠. 익명이란 보호막에 가려진 채 가해자가 고소당할 위험은 최소한으로 줄어들 테니까요.

T.L. 그래서 "웹과 명성"의 관계는 유동하는 근대에서 더 큰 울림을 줍니다. 마치 군침 도는 음식으로 가득한 풍성한 뷔페처럼 말이죠. 그렇습니다. 웹 자체는 즐거움의 향연입니다.

인터넷은 종종 성적 욕망을 포함하여 결코 사라지지 않을 각종 욕망을 증폭합니다.

이천사백 년 전에 태어난 플라톤은 이렇게 주장했습니다. 모든 인간은 명성에 집착하고 불멸의 영광을 얻으려는

---

25 공산주의 시절에 거짓말은 공산당 정부의 독점물이었는데 민주주의
    사회에서는 누구나 다 거짓말을 하게 되었고 그래서 '아무 말 대잔치' 같은
    것이 등장했다는 뜻으로 풀이할 수 있다. '언론의 자유', '말할 권리'라는
    이름 아래 온라인의 익명성 뒤에 숨어서 허위 사실을 유포하고 언어폭력을
    저지르는 것이다. — 옮긴이

열망에 사로잡힌 존재라는 것을 진작 알아차리지 못하는 사람은 동료의 행동으로부터 충격을 받을 거라고요. 플라톤은 또 사회 안에서 이러한 명망을 얻기 위해 인간은 어떠한 위험부담도 감수하려 하는데 마치 자기 자식을 지키기 위해 쓸 수 있는 수단 가운데 가장 잔인한 방법까지도 동원하려 한다고 했습니다.

요즘은 누구나 자기 인생에서 적어도 십여 분 동안은 유명 인사가 될 수 있죠. 페이스북 프로필에 생년월일을 써넣기만 하면 되니까요. 매년 생일이 되면 페이스북 타임라인이 축하 메시지로 가득 찹니다. 여성들에겐 커피 선물이 오기도 하고 남성들에겐 폭넓은 유혹의 기회가 주어지기도 하죠. 이 점에 대해서는 어떻게 생각하십니까?

Z.B. 그 점도 우리 대화에서 마땅히 거론해야 할 또 다른 주요 주제라고 생각합니다. 기분 전환이 될 만한 주제로, 정말 더 나은 조건 아래서 공적인 삶을 위한 새로운 기회를 창출할 수 있다는 참신함이 있네요. 당신이 말하는 "명성"은 결론적으로 말하면 양날의 검과 같습니다. 저명인사들은 대부분 이미 화제에 오르내리고 있지만, 유익한 생각을 하는 사람들도 각자 자신의 제안을 알려 진지하게 논의되기를 바란다면 자신들의 이름도 알릴 수 있어야 합니다. 인터넷이 공적 영역으로 진입하면서 과거에 구축한 장벽들이 많이 해체되었는데, 그 장벽들은 과거에 자주 비공식적인 검열 기제로 작동했습니다. TV 방송국의 호의를 얻지 못하면 사람들은 대중 앞에 모습을 드러낼 수 없었고 아무리 독창적이

고 합리적인 생각을 해도 이를 여러 독자와 공유할 수 없었습니다. 신문이나 공신력 있는 정기간행물 편집진의 승인 없이는 관련 내용을 인쇄하고 배포할 수 없었으니까요. 공공 영역에 접근하기 어렵게 만들었던 이런 봉쇄와 심각한 제약은 우리가 보기에 이제 과거지사가 되었습니다. 좋건 나쁘건 말이죠…….

T.L. 할리우드의 연예 뉴스 웹사이트 '더 랩(The Wrap)'의 최근 연구에 따르면 TV 리얼리티 쇼 프로그램 이후 자살 시도자의 수가 놀랄 만큼 증가했다고 합니다. 최근에도 미국에서 이런 유형의 사망자가 열한 명이나 나왔습니다. 이 온라인 뉴스 사이트에 따르면 리얼리티 쇼에 출연하는 경쟁자들은 자신들이 세상의 이목을 끌고 있는 동안 스트레스를 얼마나 받게 되는지 자신들도 인식하지 못한다고 합니다. 전혀 예상치 못했던 사람들 중에서 희생자가 나왔는데 지방 도시의 부시장, 싱글 대디, 젊은 복싱 선수 등이었습니다. '더 랩'에 따르면 이런 현상은 비단 미국뿐만 아니라 인도, 스웨덴 그리고 영국에서도 나타났다고 합니다. 《뉴욕 포스트》는 최근 기사에서 미국에서는 리얼리티 쇼 출연자를 위한 특별 심리상담 지원센터가 문을 열어야 할 것이라고까지 했습니다.

이제 누구든지 자리만 잘 잡으면 가정주부든 전 세계 곳곳에 있는 요리사든 유명해질 수 있습니다. 그러나 이들 가운데 스포트라이트에 익숙하지 않은 사람들은 '불안'이라는 현대의 대표적인 질병을 쉽게 얻기도 합니다. 수전 보일

(Susan Boyle)은 새 발의 피였다고 할 수 있겠는데요, 그녀는 「브리튼스 갓 탤런트(Britain's Got Talent)」 결승전을 기다리는 동안 과도한 스트레스로 치료를 받아야 했답니다. 그녀는 "텔레비전" 증후군이라는 진단을 받았는데, 정상적이고 평범한 삶을 살다가 갑자기 시청자 수백만 명이 지켜보는 대중적인 무대에 내던져지면서 야기된 극심한 긴장감이 그 원인이었습니다.

이 모든 내용은 최근 스웨덴의 카롤린스카 연구소(Karolinska Institutet)에서 실시한 실험 결과와도 완벽하게 일치하여 우리에게 성찰의 기회를 제공합니다. 불안과 공황장애를 극복할 수 있는 최고의 처방이자 그동안 전혀 알려지지 않은 치료법을 자원봉사자 125명에게 체험하게 한 실험으로, 이른바 '투명 인간' 치료법이었습니다.

그렇습니다. 이 치료법은 스트레스가 많은 사회적 상황에서 자신은 보이지 않는 몸을 가졌다고 믿는 것입니다. 가상의 현실이라는 헬멧을 쓴 덕분에 피험자들은 자신의 몸을 모두 투명하게 인식하게 됩니다. 피험자들은 공간과 주변 사물만 볼 수 있고 자신의 몸은 볼 수 없습니다. 이 느낌은 촉각에 의해 강화되는데, 피험자들은 주변 사물이 피부에 닿는 것을 느끼지만 물체는 마치 허공에 떠다니는 것처럼 보입니다. 시간이 좀 지나면 가상의 군중이 자기들 앞에 가만히 서 있는 것을 보게 되고, 자기 몸이 보이지 않는다고 생각한 피험자들은 심장박동이 느려지고 스트레스 지수도 떨어집니다.

유동하는 근대에서 불안과 우울증이 눈에 띄게 증가한

반면 비가시성에 대한 경험은 점차 약화되어 사라질 위기입니다. 그러나 유동하는 근대의 전형적 고통인 불안과 우울이라는 두 가지 질병을 치료하는 것도 바로 이 '비가시성'이라고 할 수 있습니다. 그러나 이런 비가시성이 요즘 현대사회에서 최악의 "질병"이 되었습니다. 만일 당신이 네트워크상에서 모습을 보이지 않는다면 당신의 사회적 신분이 상승할 기회는 그만큼 적어집니다. 무엇보다도 온라인에서 사랑을 찾을 수 있는 기회가 전혀 주어지지 않을 수도 있습니다. 젊은이들 사이에서 섹스와 사랑의 관계가 요즘처럼 빈약했던 적이 없습니다. 남성은 구애자이고 여성은 그 전리품이라는 오랜 생각은 이제 구시대의 우스꽝스러운 신기루 같은 얘기가 됐죠. 새로운 세대의 여성이 여성의 역할을 변화시켰습니다. 요즘 "여성"은 점점 더 우세해지고 파트너를 선택할 때도 리더 역할을 합니다. 수많은 젊은 여성들이 인터넷을 통해서 성적 쾌락을 탐닉하고 날마다 사랑과 관심의 대상이 되고자 애쓰는 자신들의 일상을 숨김없이 드러냅니다.

지그문트 선생님, 오늘날 이 같은 젊은 여성 리더의 등장은 모계사회의 부활을 의미하는 걸까요?

Z.B. 언뜻 보기에 현시대의 특징을 뚜렷하게 드러내는 징표로 모계사회나 부계사회 어느 한쪽을 지목하기는 어렵습니다. 오히려 양성 간의 만남과 절충이 역사나 전기의 영향 아래 지속적으로 이어져 왔어요. 현대에는 성 역할이 고정되어 있지 않고 유동적이며 "죽음이 우리를 갈라놓을 때까지, 기쁠 때나 슬플 때나, 잘살 때나 못살 때나" 한때 모두를

군건하게 결속시키던 고정관념도 많이 사라졌습니다. 그런데 이런 성 역할은 지속적으로 불안을 유발합니다. 자신이 현명한 선택을 했는지 확신하지 못해 불안감이 커집니다. 그들의 대안이나 선택 과정에서 빠진 "다른" 가능성도 여전히 확신하지 못하는, 요컨대 불확실성이 지배하는 상황이 계속되기 때문이죠.

　더 중요한 사실은 오늘날 젊은이들 대부분이 실제로 이런 불안한 상황 자체를 즐긴다는 것입니다. 이런 사실을 입 밖에 내진 않지만 말이죠. 이들이 현대의 유연성, 영구적인 잠정 상태, 혹은 최대한의 협상 가능성 등 현재 상황 자체를 선호하는 이유는 그것이 적절하다고(물론 이상적이지는 않고!) 생각해서가 아니라 다른 대안을 더 두려워하기 때문입니다. 여러 해 동안 수차례에 걸쳐, 나는 좀 더 보람 있고 존엄한 삶을 위해 꼭 필요하고 매우 중요한 두 가지 가치를 강조해 왔는데, 바로 자유와 안전입니다. 그러나 이 두 가치를 동시에 만족스러운 방식으로 화해시키기란 매우 힘듭니다. 개인의 자유를 축소하지 않고 안전을 증대할 수 없으며, 개인의 안전을 조금이라도 양보하지 않고 자유를 증대할 수도 없으니까요.[26]

26　바우만은 한 인터뷰에서 '자유와 안전'의 관계를 이렇게 설명한 바 있다. "공동체 속에서 자유는 인터넷에 비해 매우 폭이 좁지만, 네트워크는 공동체보다 훨씬 더 불안정하게 흔들리고 깨지기 쉽습니다. 우리는 뭔가를 얻으면 뭔가를 잃어요. 무엇이 더 좋은지 가늠해야만 하죠. 그래서 늘 얻을 것을 생각하고 잃을 것을 정합니다." 안희경, 『문명, 그 길을 묻다』, 이야기가 있는 집, 2015. ― 옮긴이

T.L.   2009년에 '러브플러스'라는 닌텐도 게임이 나왔는데, 이는 제목처럼 10대와의 로맨틱한 사랑을 경험할 수 있는 시뮬레이션 게임입니다. 그러나 이 게임은 게임으로만 머무르지 않고 그 이상의 어떤 것, 즉 '실제' 러브 스토리에 접근하는 관계로 인식되었습니다. 유럽에서는 크게 흥행하지 못했지만 일본에서는 그 분야 베스트셀러가 되었습니다. 일본 남성 수십만 명이 러브플러스를 구입했고 그중 많은 이들이 게임에서 "개인용"으로 만든 여성 아바타를 정말 사랑한다고, 모든 면에서 그녀와의 관계에 만족한다고 했습니다. 소유, 권력, 융합 그리고 각성으로 이루어진 가상현실 속 사랑은 묵시록에 등장하는 네 명의 기사[27]가 휘두르는 전능한 초현대식 무기에 해당할까요?

Z.B.   당신이 사랑에 빠지면 아마 하룻밤의 사랑으로는 만족하지 못할 것입니다. 갈수록 훨씬 더 많은 것을 원하겠지요. 당신은 그 사랑, 그 놀라운 운명의 선물이 결정체로 남아

---

27   성경 「요한의 묵시록」(가톨릭 성경 요한묵시록 6장 1~8절)에 등장하는 네 명의 기사는 어린 양(그리스도)이 푸는 일곱 개의 봉인 가운데 처음 네 개가 풀렸을 때 나타난다고 전한다. 네 기사는 질병, 칼, 기근과 죽음으로, 재앙을 불러일으켜 세상을 멸망시킬 네 사람을 말한다. ① '백마를 탄 정복의 기사'는 첫 번째 봉인을 풀자 나타난 존재이다. 백마를 타고 면류관을 쓰고 활을 들고 있다. 질병이 그를 보좌한다. ② '적마를 탄 전쟁의 기사'는 불타는 듯한 붉은 말을 타고 검을 들고 있다. 전쟁과 살육을 벌여 지상에서 평화를 거두어 간다. ③ '흑마를 탄 기근의 기사'는 저울을 들고 있다. 기근, 가뭄, 아사 등 식량과 관련한 재앙을 일으키는 힘을 가지고 있고 주로 비쩍 마른 모습이다. ④ '청마를 탄 죽음의 기사'의 정체는 죽음 그 자체이다. 지옥이 그의 뒤를 따르고 있다. 큰 낫 혹은 쇠스랑을 들고 있다. 이들 네 명의 기사는 각기 맡은 역할과 내리는 재앙이 뚜렷하게 구별된다는 점에서 캐릭터를 이용한 다양한 게임이나 만화 등에서 자주 인용되곤 한다. ─ 옮긴이

영원히 지속되길 바랄 겁니다. 계획이 실현되어 사랑에 눈을 뜬 파우스트가 이렇게 소리쳤던 것처럼 말입니다. "거기 멈춰! 넌 정말 아름다워!"[28] 이제 당신은 그 사랑이 존재하지 않는 세상이나 그와 유사한 세상에서 살아가는 것을 상상할 수도 없을 것입니다. 문제는 적어도 그 순간에는 '영원히 지속되기'를 바라는 것이 파트너와 자기 자신에 대한 영원한 사랑이고 그에 따른 결정이자 약속이라고 생각할 거라는 점입니다. 그 순간부터 당신은 물살을 거슬러 헤엄치기로 결심한 셈입니다. 결국 당신은 치고 빠지는 게 전부인 세상에서 짧고 쉽게 취소 가능한 순간적인 기회를 잡으려고 힘겨운 노력을 하게 될 것입니다. 그리고 웅덩이 건너편에 난 풀이 당신 쪽 풀보다 더 푸르다는 사실을 알아차리는 순간 조금도 주저하지 않고 웅덩이를 훌쩍 뛰어넘을 것입니다. 당신은 그런 세상의 피조물입니다. 거기에서 양육되고 훈육되고 연마되었으며 날마다 그것이 옳다고 생각하며 살아왔습니다. 그런 사회의 산물이자 피조물인 당신이 인간의 총체적인 불안 속에서 "죽음이 우리를 갈라놓을 때까지"라는 사랑을 호기심과 쾌활함, 자유분방함과 조화시킬 수 있는 방도가 따로 있을까요?

T.L. 호기심과 쾌활함, 이 단어들을 보면 제가 무엇을 떠올리는지 아시겠어요? 욕망입니다. 비록 질서를 파괴할 가

---

28 파우스트가 오페라의 시작과 마지막에서 '순간'을 향해 한 유명한 대사이다. "Verweile doch! Du bist so schön!" V. Amoretti in J.W. Goethe, *Faust e Urfaust*, Feltrinelli, Milano 1991, pp.82~83 e 640. (N.d.T.)

능성이 있을지라도, 우리 인간이 어쩔 수 없이 긍정적인 언어로 이상화하는 그 욕망이라는 엔진 말입니다. 그러나 어떤 의미에서 사랑과 욕망은 공존한다고 할 수 있습니다. 선생님께서 말씀하신 것처럼 파괴는 욕망 자체가 지닌 그 본질의 일부이기 때문이죠. 욕망은 파괴하려는 충동, 아니 자기 자신을 파괴하려는 충동입니다. 반면 사랑은 아끼는 대상을 보호하려는 열망이죠. 선생님께선 사랑을 구심적인 욕망과는 다른, 원심적인 충동이라고 정의하셨는데요. 욕망이 소비하기를 원한다면 사랑은 소유하기를 원합니다. 사랑은 그 대상의 입장에서는 위협이 되기도 하는데 이런 점이 바로 사랑과 욕망이 만나는 중요한 지점이지요. 욕망은 자기 파괴적이지만 사랑은 그 대상 주위를 안전망으로 엮어 결국 노예로 만들고 맙니다. 사랑은 그 대상을 포로로 사로잡아 주의 깊게 살피는데, 그 행위의 목적은 결국 보호입니다. 이 모든 것에 인간의 불확실성이 얼마나 작용할까요?

Z.B.   우리가 말한 불확실성이란 사랑의 관계를 포함한 현대의 인간관계가 매우 요란하고 고통스러운 방식으로 붕괴한 결과라고 할 수 있습니다. 이 불확실성은 상반되는 두 개의 강력한 힘, 즉 사랑과 욕망 사이에 단단히 끼어 있는데, 이들 간의 영속적인 긴장이 유지되는 한, 두 힘이 각자 스스로 재생하거나 재충전하기가 어렵다는 것이 문제입니다. 그리고 이런 상태가 조만간 해결될 가능성도 없는 듯합니다. 사랑과 욕망, 양측이 각각 지속적으로 전투 인력과 무기를 전선에 배치할 수밖에 없고 더구나 각 진영이 서로 다른 전

투 장비를 사용한다는 점을 고려하면, 이 같은 상태가 쉽게 해결될 수 없다는 것은 크게 놀랄 일도 아닙니다. 한쪽에서 거둔 성공이 다른 쪽의 실패를 불러오는 경우가 매우 흔한데, 그 대가로 거의 '파산'²⁹에 이르게 됩니다. 거기에 '무지'와 '무능'까지 더해지면 주어진 임무를 완수하지 못한 굴욕감으로 자존심에 큰 타격을 입습니다. 여기서 '무지'란 파트너가 내 움직임에 대해 어떤 결정을 내릴지, 계략, 속임수 등의 조작을 언제 어디서 어떻게 할지를 예측하지 못하는 무능력을 의미하고, '무능'이란 갑작스레 닥치는 돌발 상황에 직면하여 당혹감과 혼란으로 제대로 대응하지 못해 감당하게 되는 위험부담을 의미합니다. 불확실한 상태를 경험하면 사람들은 그에 대한 반작용으로 약해서 깨지기 쉽고 파편화된 상태, 즉 불안정한 인간관계에서 벗어나려고 시도합니다. 그리고 이런 상태에서 벗어나려면 그 경로가 누군가에 의해 발견되었든, 발명되었든 아니면 실재하든, 상상의 것이든 상관없이 결국 관계 강화를 위해 필사적으로 노력할 수밖에 없습니다. "상처를 입었다"는 것은 엄격한 규칙, 타협 불가능한 규범, 심지어 오랫동안 이어진 엄정한 약속에 대한 최근의 반감까지도 완화해서 타협에 대한 반대 의견을 누그러뜨릴 수가 있습니다. 적어도 얼마 동안은 이런 완화 현상이 지속될 것입니다. 과거의 나쁜 경험이 기억에서 용해되고 퇴색되어 사라진 후, 새롭게 나타날 부정적인 경험이 잃은 것과 얻은 것 사이의 균형을 되살릴 때까지만이라도 말입니다. 사고

---

29   원문에서 바우만은 이 단어를 '유빙(流氷)', 'débâcle'에 비유한다. — 옮긴이

방식과 정신의 역사, 개인적이고 집단적인 신념, 현 상태에서의 이상적인 대안과 대중의 소망을 구별해 주는 변화는 직선으로 나타나지 않습니다. 거듭 설명했듯이 이들은 오히려 추와 같이 흔들리는 궤도를 따르며 "완전한 자유"와 "완전한 안전"의 두 극점 사이에서 간헐적으로 진동할 뿐입니다. 그러나 둘 중 어느 것도 상대편의 극점에 이르지 않았고, 우리가 상상할 수 있는 미래에 그러하리라고 예측할 수도 장담할 수도 없는 상태입니다. 친애하는 토마스 씨, 앞서 언급한 변증법적인 관계, 즉 안전과 자유의 결핍과 과잉에 따른 모순된 관계는 매우 적절한 해석과 개념의 틀이며, 이 틀 안에서 당신이 제기한 남녀 사이 권력 관계의 변화에 대한 문제를 다루고 분석해야 한다고 생각합니다.

경험적으로 주어지거나 당연하게 간주되었던 남녀 사이의 성적 관계는 오늘날 너무 모호하고 내적 모순(그리고 지역적인 특수성!)에 의해 자주 손상되지만, 여성이 평등을 성취하고 나면 그들이 추구하는 가치와 그 가치에 합당한 조건이 확립될 것입니다. "부계" 혹은 "모계" 같은 용어는 이미 많은데 자꾸 늘어나는 그와 유사한 다른 용어들과도 서로 연관성이 없고, 제각기 구별되는 것인데도 혼동됩니다.

오늘날 젠더 사이의 갈등은 이제 더 이상 한 성(性)이 다른 성에 대해 권력을 행사하고 지배하는 양상이 아닙니다.

페미니즘은 말할 것도 없이 평등에 관한 주장으로, 이를테면 사회적 지위, 기회, 위엄, 권위 그리고 "결정이 이루어지고 행위가 존재하는" 장소에 접근하는 권한을 평등하게 나누는 데 관심이 있습니다. 이런 움직임이 결정적으로 지향하며 모두가 널리 확산되기를 바라는 요소가 바로 '기회'입니다. 이를 토대로 우리는 여성 해방의 정도와 그로 인해 인간 조건의 본질에 미치는 영향을 가늠할 수 있습니다. 이른바 준거 틀 같은 것 말이죠. 사실 형식적으로만이 아니라 실제로 지금까지 남성만을 위해 유보된 역할을 여성도 할 수 있도록 하여, 통상적인 힘의 역학에 따라 남성 주도권에 대한 여성의 입장을 강화하고 재확인하는 것을 의제로 두어야 합니다. 그리고 독창적이고 전통적이며 고유한 여성의 가치를 재평가하고 회복하려는 진지한 시도가 이루어지고, 주변적이고 부차적인 영역에 속하는 유배지로부터 여성들이 다시 돌아올 수 있는 사회를 만들어야 합니다.

T.L.   유동하는 근대에는 성을 대하는 태도도 과거와는 다른데 무엇보다도 그에 대한 금기가 바뀌었기 때문입니다. 어제는 개방적으로 살 수 없었지만 오늘은 그럴 수 있습니다. 아니, 오히려 그런 삶을 "전위적인" 것으로, "구태"를 벗어 버리는 능력과 지성으로 인식합니다. 장 피아제(Jean William Fritz Piaget)는 지성을 사회적, 물리적 환경에 적응하려는 인간존재의 능력이라고 말했습니다. 당신이 잘 '적응'하면 할수록 그만큼 다른 사람에 비해 똑똑하다는 것입니다. 우리는 지금 모든 분야에서 장벽이 사라지고 경계가 끊임없이 확장되는 세계에 살고 있어서 성적인 한계가 어디까지인지 정의하기가 점점 더 어려워지고 있습니다. 위대한 레비스트로스가 한 말을 떠올려 봅니다. "문화의 탄생은 근친상간의 금지와 일치한다." 이 문장은 다음과 같은 사실을

암시하는 듯합니다. "물리적으로나 기술적으로는 할 수 있
다 해도, 해서는 안 되는 일이 있는 법!" 시간이 지날수록 성
적 제약은 줄어들고 있고, 특히 젊은 사람일수록 더 그런 것
같습니다. 심지어 소셜 네트워크에는 개인의 성적 자유에
대한 상찬이 매일 올라옵니다. 성(性)에 대한 한계가 지금도
여전히 존재할까요? 미래에는 근친상간이라는 금기까지도
폐지될 수 있을까요?

Z.B. 적응력과 지성 사이의 연관성에 대해 당신처럼 확신
하진 못하겠군요. 그리고 이 문제는 성적 관습의 범위에서
만 봐서는 안 되고 사회 전체의 맥락에서 파악해야 할 것입
니다. 사회적이고 문화적인 모든 변화는 반드시 적응과 저
항을 동반하는 "창조적 파괴"의 메커니즘에 의한 것으로 동
화와 침투 현상을 동반하는 적응과 폐기 과정을 내포합니
다. 만약 당신이 이 메커니즘의 논리와 작동 방식을 연구하
는 데 더 관심이 있다면 구스타프 메츠거(Gustav Metzger)
의 작품을 주의 깊게 살펴보라고 권합니다. 내가 보기에 그
는 직접 "자기 파괴적 예술"이라고 정의한 것의 실체를 그
어떤 예술가보다 간결하고 함축적으로 표현했습니다. 문화
사의 맥락에서 현재를 보면 문화는 분명 파괴적인 경향으로
가고 있는데, 다시 말해서 창조 행위의 파괴적인 측면에 특
권을 부여하는 쪽으로 가고 있는데, 그것이 현대 문화의 변
화무쌍함, 취약성, 지역적인 불안정성, 일시적인 경향, 덧없
이 사라지는 문화적 생산물의 단명(短命)을 의도적으로 보
여 주고 강조하기 때문이죠. 창의성이 가져오는 충격과 자

극은 점점 더 새로운 파괴 대상을 찾고 규칙을 뛰어넘어 새로운 경계를 모색하는 것 같습니다. 그러나 파괴가 용이하거나 넘어서기 쉬운 경계는 본질적으로 그 수량이 한정되어 있어 조만간 고갈되는 경향이 있습니다. 당신은 오늘날 '선봉에 선다(essere all'avanguardia)'는 것이 '사업을 계속한다(stay in business)'는 뜻이고, 이는 지금까지 온전하게 남아 있는 것들을 파괴하는 데 그치지 않고 파괴적인 작업을 위해 새로운 목표를 물색하고 발명하고 상상하는 것을 의미한다고 생각하는 듯합니다. 아방가르드라는 개념을 현대 예술의 맥락에서 사용하는 것은 대단히 모호해서 권장할 만하지는 않다고 봅니다. 아방가르드라는 용어는 이제 역사적인 개념이 되었죠. 이는 군사 용어에서 영감을 얻은 개념으로, 전군의 다음 공격 지점을 앞서 탐색하는 소규모 부대의 역할에서 비롯한 말입니다. 말하자면 주력부대가 원활하게 진군할 수 있도록 "길을 여는" 부대를 뜻합니다. 요즘은 아무도 현재와 미래의 예술 양식에 대해 그처럼 강렬한 수사를 쓰려고 하지도 않고 조장하지도 않으며 그럴듯하게 여기지도 않죠. 그래서인지 아방가르드를 표방하는 움직임이나 예술 학교도 더 이상 환영받지 못하고 있습니다. 개인주의가 강한 우리 사회에서 예술가는 1인 밴드가 될 공산이 큽니다. 레비스트로스는 인류가 근친상간을 금지한 원인을 이렇게 생각했죠. 인간존재의 태생적 동일성과 차별성이라는 토대 위에 인위적으로 만든 차별성을 중첩한 최초의 사례로 말입니다. 그리고 이를 문화가 생겨난 시점으로 보았습니다. 그는 문화를 지속적인 '구조화' 과정으로 정의했는데, 이는 동

질적인 것이 이질적인 것으로, 이질적인 것이 동질적인 것
으로 분화하는 교차점으로, 금기와 규범이라는 두 가지 잣
대로 통제된 결과라는 것입니다. 무엇보다도 자연과 문화가
대립하고 협력하는 역사에서 가장 오래된 금기 사항이 소멸
되기 가장 어려운 것으로 판명된 점이 흥미롭습니다. 혹시
이처럼 예외적으로 오랫동안 명맥을 이어 가는 금기의 힘이
어디서 오는지 설득력 있는 설명을 들어 본 적이 있나요?

T.L.   근친상간처럼 오래 지속되는 금기는 전혀 알지 못합
니다. 다만 역사상 가장 큰 금기는 유동적인 미래에도 지속
될 거라는 생각은 듭니다. 이는 경계의 유동성과 유연성을
자연스레 내세우는 맥락에서 볼 때는 뭔가 새롭고도 견고한
것이죠. "유연성"이라는 말을 쓰다 보니 머릿속에 바로 떠오
르는 도식이 있는데, '지각'이 형성되는 과정에서(여기서 '지
각'이라는 단어를 쓰는 이유는 관점의 주관성을 강조하면서
이를 말초적인 자극과 구별하기 위함입니다.) 액체 인간만
이 즉각적인 접근성을 높이 평가하여 나와 공유할 수 있는
유사성을 드러낸다는 것입니다. 저는 "유연성"이라는 표제
어에서 "노동"이라는 단어를 떠올립니다. 요즘 노동심리학
이 발달한 점을 고려할 때, 노동에 대한 연구가 완전히 바뀐
것은 우연한 일이 아니므로, 형식화된 지식, 즉 학교에서 배
우는 것과 구체적인 지식 사이의 격차를 즉시 깨닫고 평가
하는 작업은 필수입니다. 형식화된 지식의 보급이 광범위하
게 이루어지는 현상이 전 지구적인 차원에서 대두되고 있으
나(물론 교육 수준이 과거에 비해 현저하게 높아지긴 했지

만) 지식의 형식화란 형식화된 지식이 일상생활에서 실천하는 기예(arte) 또는 능력을 따라가지 못한다는 것입니다. 일각에선 비판도 일겠지만 이런 능력을 제가 기예라고 부르는 이유는 그것이 주관적인 능력인 동시에 의식적인 창조 작업이라서 다양한 개인 사이에서 정확하게 재현하기가 어렵기 때문입니다. 따라서 실무 측면에서 경쟁력이 높은 사람들이 많지만 이들은 다른 사람들이 자신에게 일자리를 제공해 주기만을 기다리고 있습니다. 백여 년 전, 그러니까 고체 근대라고 할 수 있는 시대에, 경쟁력이 높지 않은 사람들이 그랬듯이 말이죠.

그 결과 과도하고 "무책임한" 고용 수요가 발생합니다. 자, 나는 공부를 많이 했으니 보수가 좋은 일자리를 가질 자격이 있어. 내게 좋은 직장을 주고 뭘 할지, 하루에 몇 시간 일해야 할지를 말해 줘. 그럼 할 테니까! 이는 오늘날 고용 시장의 주요 특징인 '유연성'과 정반대되는 현상입니다. 우리가 살고 있는 유동의 시대는 액체 세대에게 한 가지 자질만을 요구하는데, 그건 바로 유연성입니다. 우리 시대의 형식화된 지식도 노동 현장에서 정말 유용하게 쓰이려면 유연성을 지향해야 한다고 말합니다. 하지만 일반적인 관점에서 볼 때, 노동의 유연성은 오늘날의 젊은이와는 전혀 맞지 않습니다. 거기엔 강한 책임감이 요구되기 때문이죠. 이제는 노동의 성격이 안락한 삶과 생계유지를 위한 수단에서 더 나은 보수를 받거나 다른 일을 찾는 수단으로 바뀌었습니다. 안전성 같은 견고한 기준점이 더 이상 존재하지 않는다는 점을 고려하면, 노동을 통해 안락한 삶을 추구하는 일은 갈수록 멀어지는 신기루 같은 것이 되고 있습니다.

　오늘날 여러 분야의 전문가들은 무엇보다도 유동적인 능력에 기반을 두고 있는데, 다른 무엇보다도 새로운 상황에 대처하는 능력이 요구되기 때문이죠. 유동적인 인간이 이런 변화를 따라잡는 것은, 복잡한 문제일 뿐 아니라 부당한 것으로 간주되기도 합니다. 왜냐하면 이는 고정적인 일자리에서 좋은 수입을 얻었던, 그러니까 고체(견고한) 근대 직업인의 전형적인 라이프 스타일이기 때문입니다. 그렇다면 이 모든 현상이 유동하는 근대에서 성생활과 무슨 상관이 있을까요? 큰 상관이 있습니다. 왜냐하면 액체 세대가 대부분 노동의 유연성에 아직 적응하지 못하는 동안, 이들 중 꽤 많은 사람들이 성적 유연성의 전문가가 되었으니까요. 견고한 사랑은 '영원한 사랑'에 기반을 두었습니다만(비록 이십 년 후에 그 약속이 얼마나 속절없는지 알게 되더라도) 유동적인 사랑은 지금부터 다음의 '영원한' 스물네 시간까지만 생각합니다. 대다수의 경우, 파트너끼리 마음으로 주고받는 암묵적 계약, 즉 서로에 대한 최소한의 기대 그리고 요구 사항이 과거와는 완전히 달라졌습니다. "나를 유연하고 자유분방하게 좀 내버려 둬. 그럼 나는 더 진실하고 자유로워져서 너에게 돌아올게." 이런 변화가 하룻밤 사이에 일어난 건 아니겠지만……

　지그문트 선생님, 노동의 유연성이 액체 세대를 효과적으로 변화시킬 수 있을까요? 유동적인 인간도 정말 유연한 노동에 만족할 수 있을까요? 아니면 이들은 불행한 노동자가 될 수밖에 없는 운명일까요? 유연한 사랑은 인간존재의

DNA에 포함되어 있을까요? 저는 여기서 다부다처의 복혼제(polygamy)를 생각해 봅니다. 많은 학자들이 수백 년에 걸쳐 인간존재는 복혼제 시스템에서 탄생했다고 주장해 왔습니다. 만약 그것이 사실이라면 유동적인 사랑은 인간의 섹슈얼리티의 기원으로 돌아간다는 뜻일까요?

에필로그

마지막 강의

얼마 전까지 아침이면 이런 생각이 떠올랐다. '지그문트 선생님이 오늘은 어떤 편지를 보내셨을까······.' 믿기 힘들겠지만 사실이다. 바우만은 전형적인 아침형 인간이면서 야행성 부엉이다. 내가 밤늦게 편지를 보내도 대개는 아침 7~8시에 답장을 받고는 했으니까 말이다. 그런데 그는 가끔 나를 어리둥절하게 만들기도 했다. 내가 새벽 2시쯤에 편지를 보냈는데 불과 삼십 분도 지나지 않아 답장을 보내 준 적도 있었기 때문이다.

그와 나눈 지난 몇 달은 나에게 잊을 수 없는 시간이었기에 나는 그와 그의 가족에게 영원히 고마운 마음을 간직할 것이다. 그는 나에게 대체할 수 없는, 유일하고 특별한 인생의 가르침을 선물로 주었다.

지금 쓰고 있는 이 글은 지금껏 한 번도 써 본 적 없는, 내게는 매우 힘든 글이다. 2017년 1월 9일, 내가 불현듯 느꼈던 것을 떠올려야 하기 때문이다. 그날 나는 슈퍼마켓에서 냉동 제품 코너를 응시하고 있었는데 무의식적인 압박감 같은 어떤 고통이 엄습해 왔다. 며칠 동안 그에게서 소식을 듣지 못했기 때문이다. 그는 내게 보낸 마지막 편지에서 우리 책의 마지막 장(章)을 정리하려면 얼마나 더 써야 하는지 물었던 것 같다. 나보다 한참 어른인 그가, 애송이 청년인 내게 얼마나 더 써야 하는지 물은 것이다. 그의 관대함은 오로지 그의 겸손함에서 비롯한 것 같다. 이승에서 보낸 마지막 날까지 그는 자신의 사명을 다했는데, 그것은 바로 우리가 이 세상을 제대로 인식할 수 있게 돕는 일이었다. 그렇다. 그는 문자 그대로 자기 자신 이후의 세대를 받아들여 우리 현실이 정말 어떤지 알게 하려고 내 손을 잡아 주었다.

그는 특별한 선물을 남겼다. 우리에게 비판적 시각을 가르쳐 주었고, 우리가 어디에 있으며 어디로 갈지 깨달을 수 있는 방편을 구상하기 위해 살았다.

그는 운명하기 얼마 전에 내게 이런 편지를 보냈다. "이 책은 그대에게 달려 있으니 내게 약속했듯이 근사하게 만들어 주길 바랍니다." 그 메시지를 읽은 나는 그때까지 정리한 텍스트의 사본을 보내지 않은 것을 나무라는 편지인 줄 알았다. 나는 즉시 사본을 보냈고 한 시간 후에 그는 우리가 그날까지 함께 주고받은 모든 글을 볼 수 있었다. 그 후 그는 이와 관련한 언급을 하지 않았는데, 바로 그날 냉동 제품 코너 앞에서 나는 비로소 그가 정말로 무슨 말을 하고 싶어 했는지 깨달았다. 내가 미처 깨닫지 못했거나 알고 싶어 하지 않았던 것을 그는 알고 있었던 것이다. 그가 내게 요청한 것은 공생에 관한 책이었다. 호적상 그와 나의 나이 차이는 정확히 육십 년이지만, 우리는 이런 세대 차이에도 불구하고 근대성이 초래한 한계를 함께 극복하면서 '나'의 불연속성과 '그'의 연속성 간에 효과적인 결합을 이끌어 내야 했다. 그는 바로 세대 간의 이런 교류를 강조했던 것이다.

최근, 그가 즐겨 인용한 인물 가운데 한 사람인 호세 오르테가 이 가세트(José Ortega y Gasset)가 쓴 "생성"에 관한 이론이 있다. 그는 문제의 핵심이 세대 간 격차에 있지 않다는 점을 분명히 지적했다. 중요한 것은 각 세대가 서로 다르다는 점이 아니라 모두가 같은 세계에서 동시대를 함께 살아가고 있다는 사실이라고 했다. 무엇보다도 각 세대는 상대방의 존립을 통해 스스로를 규정한다는 것이다.

한스 요나스(Hans Jonas)는 유한함을 인식하게 되면 흘러가는 시간이 소중해진다고 지적했다. 우리는 그 점을 명확하게 알고 있는 유일한 존재라고 단언할 수 있다. 하지만 그런 인식을 가졌다는 것이 정말 좋은 일일까? 요나스 자신은 이렇게 대답한다. "나는 지적 능력의 전성기를 누리고 있어 여러 흥미를 갖고 사고하며 다른 사람들이 쓴 책도 읽고 그들과 대화도 했지만, 세월이 가면서 점점 현대 시(詩)를 이해할 수 없고 현대 음악이 큰 기쁨을 주지 못한다는 것을 알았다. 나 자신이 다른 경험을 쉽게 받아들이지 않았던 것이다. 나는 이미 꽉 찬 상태라서 또 다른 무언가를 한다는 게 싫었다. 하지만 내 주변 젊은이들은 나하곤 다르게 지난 경험의 무게에 짓눌리지 않는다." 요컨대 아직 뿌리를 내리지 않은 관습에 권위를 부여하는 것은 시간의 흐름이라는 게 그의 생각이다. 그리고 젊은이는 본성상 일정한 시간이 쌓여야 형성되는 관습을 가질 수가 없다. 결국 세대 간의 관계는 연속성과 불연속성에 관한 문제로 요약될 수밖에 없는 것이다. 바우만이 보기에 바로 이 같은 관계가 현재를 만들고 미래도 만든다.

그가 자신의 경이로운 생애를 통해 거듭 강조한 점은 만약 우리가 진보를 이루고 역사를 만들어 나갈 수 있다면 그것은 연속성과 불연속성 간의 변증법적인 관계 때문이라는 사실이다. 젊은이의 반대편에 서 보지 않으면 노인에 대해 말할 수 없다. 부모와 자녀, 교사와 학생이 상호 의존적인 관계이기 때문에 서로를 정의할 수 있는 것과 마찬가지다.

우리는 모두 이런 몇 가지 이분법적인 상황을 통과했거나 통과 중인 사람들이다.

그러나 유동적인 근대에는 모든 것이 바뀌었다. 우리는 각자 현대라는 무대에서 자기가 소유한 수단이 아무런 힘을 발휘할 수 없음을 자각하고 있다. 우리는 세계라는 거대한 극장의 배우이지만 스포트라이트가 우리 모두를 비출 때 우리는 아무것도 알 수 없다는 불가지론이 펀치 한 방처럼 우리를 후려친다.

바우만이 자라던 시절에는 막스 베버(Max Weber)의 도구적 합리성이라는 명제가 현실을 가장 잘 대변해 주었다. 도달해야 할 목표가 분명해서 그것을 달성하기 위한 적절한 수단만 찾아내면 됐다. 하지만 오늘날 액체 세대는 가장 좋은 경우에도 그런 수단을 가지지 못한다. 약간의 자원과 경쟁력, 능력 같은 것 말이다. 하지만 무의식 차원에서 누구라도 할 수 있는 일은 끊임없이 자기 자신에게 질문하는 것이다. '이 모든 것으로 내가 무엇을 할 수 있지?'라고 말이다.

바우만은 이런 사실을 잘 알고 있었다. 그리고 그는 세대 간 투쟁이 확산되고 있다는 사실이 단순한 환영에 불과하다는 점도 잘 알고 있었다.

이것이 바로 바우만이 나 같은 사람을 택해서 자기 생의 마지막 교훈을 전하기로 한 이유라고 생각한다. 그리고 이 작은 책에 그토록 열정과 헌신을 다했던 이유라고 생각한다.

토마스 레온치니

옮긴이의 말

4차 산업혁명이 21세기를 살아가는 인류에게 화두가 되고 있는 지금, 엑스 세대나 와이 세대 또는 고체 세대나 액체 세대라는 말은 마치 호모루돌펜시스, 호모에렉투스, 호모사피엔스 등등처럼 들릴지도 모르겠다. 다양한 인간 종이 살았던 먼 옛날에 그랬듯이, 오늘날의 인류 세대가 전혀 다른 인간 종처럼 보일지도 모른다는 생각이 들기 때문이다.

밀레니얼 세대가 현재 트렌드를 주도하는 가운데, 기성세대 중 가장 젊은 엑스 세대마저 이들이 주도하는 세상의 변화를 인정하고 받아들이는 입장이 되었다. 변화를 받아들인 세대만이 살아남을 수 있다는 말을 들으며 밀레니얼이 주도하는 조직과 사회의 혁신에 직면하고 있는 것이다. 그들의 거침없는 도전, 개성과 독창성을 보며 '따라 하기', '쏠림 현상'이 체화된 엑스 세대는 확연한 세대 간 격차를 실감할 것이다.

오늘날 드러나는 세대 차이는 어쩌면 당연한 현상일지도 모른다. 이 책에서 바우만은 이 현상을 '갈등'으로 파악하여 이를 문제시하는 것은 편협한 정치계와 언론계가 만들어낸 프레임이라고 본다. 그는 세대 차이를 인정하고 애정 어린 눈으로 바라보라고 조언한다. 그런 점에서 바우만과 레온치니, 두 사람의 세대를 넘나드는 대화를 담은 이 책은 현대 세계가 직면한 세대 간 대화와 협력의 중요성을 직접 보여 주는 사례라고 할 수 있다.

이 책에서 바우만은 세 가지 주제를 언급하며 그것이 액체 세대의 원조라고 할 수 있는 밀레니얼의 특징이기에 그것을 이해하라고 독려한다. 현시대를 함께 살아가는 동행인의 실상이라는 것이다. 바우만은 그들을 부정하지 않고, 그들의 다양한 변화상, 곧 피부, 공격성, 사랑을 통찰하려 한다. 이전 세대와는 전혀 다르게 나타나는 현상에 찬반 논리를 내세우지 말고, 있는 그대로 바라보고 그에 대해 따뜻한 마음을 가지라는 것이다. 그런 점에서 나 역시 액체 세대와 고체 세대 사이에 '낀' 세대로서, 부모를 모시고 자식을 키우는 세대로서, 양쪽 세대 간 차이와 이해의 당위성에 고개가 끄덕여지곤 했다.

하지만 번역을 하는 과정에서 나도 모르는 액체 세대의 특징이 많이 언급되어 어려움이 컸다. 특유의 간접화법으로 진행된 두 저자의 날카로운 통찰과 짧지만 깊은 대화 또한 그 맛을 살리기가 쉽지 않았다. 그렇다고 가독성을 위해 원문에서 멀어지면 앞서 국내에서 출간된 바우만의 저작들과 결이 맞지 않을 것이라는 점도 큰 부담으로 다가왔다. 그럼에도 불구하고 여전히 어설픈 문장이 있다면 그것은 오로지 나의 능력이 부족한 탓이다. 다만 옮긴이로서 세대 간 차이를 깊은 눈으로 바라보고 급변하는 현대사회에 우려와 사랑을 남기고 떠난 바우만의 통찰과 메시지가 제대로 전해지기를 바랄 뿐이다.

끝으로 번역에 도움을 주신 김하종(P. Vincenzo Bordo) 신부님과 사회학 전공자로서 아낌없는 조언을 해 주신 수원 교구 최영균 신부님 그리고 귀한 시간을 내어 감수의 말씀 을 해 주신 한국학중앙연구원의 김경일 교수님께 깊이 감사 드린다.

이탈리아 피렌체에서

김혜경